UNESCO ITS PURPOSE AND ITS PHILOSOPHY

L'UNESCO SES BUTS ET SA PHILOSOPHIE

Julian Huxley

UNESCO

Its Purpose and Philosophy

Facsimiles of English and French editions
of this visionary policy document

Julian Huxley

Euston Grove Press

Huxley, Julian. *UNESCO: Its Purpose and Philosophy* (English and French texts)

The original editions of this pamphlet were published in 1946. The present publication combines facsimiles of two printings of this pamphlet:

> Huxley, Julian. 1947. *UNESCO: Its Purpose and Philosophy*
> (Public Affairs Press), 62 pages.

> Huxley, Julian. 1946. *UNESCO: Ses Buts et Sa Philosophie*
> (Commission Preparatoire De L'Organisation Des Nations Unies Pour
> L'Education, La Science Et La Culture), 72 pages.

This facsimile edition published in 2010
by Euston Grove Press
20 Elderwood Place, London SE27 0HL United Kingdom
www.EustonGrove.com

British Library Cataloguing in Publication Data

Huxley, Julian, 1887-1975.
  UNESCO : its purpose and philosophy : facsimiles of English
  and French editions of this visionary policy document.
  1. Unesco.
  I. Title
  001'.0601-dc22

ISBN-13: 9781906267018

Preface

UNESCO began in November 1946, a year after its constitution was signed by thirty-seven countries and after twenty countries completed ratification. The first meeting of UNESCO's General Conference was held that month in Paris. Julian Huxley was appointed the first Director General.

Huxley's *Purpose and Philosophy* was published by the Preparatory Commission (Paris) for this new organisation. It was printed in 1946 in both English and French editions under the imprint of the Preparatory Commission, printed in London. This pamphlet was reproduced in various guises, notably a 1947 edition by Public Affairs Press largely for distribution in the United States. Public Affairs Press, a part of the American Council on Public Affairs, was located in Washington DC. The 1947 Public Affairs Press edition was reprinted in 1948.

UNESCO later represented this pamphlet as a "private" publication. Disclaimers to this effect were added hastily to the 1946 printings via a separate insert. In later editions, a disclaimer was added via front matter (see below).

The 1947 Public Affairs Press edition included the artwork shown here on the title page. In this same edition, the inside front cover contained the following text:

Since the future of the world must depend upon the minds of men - upon their knowledge of each other and upon their desire to maintain peace and progress - it can perhaps be said that the future of the world depends very substantially upon the future of the United Nations Educational, Scientific, and Cultural Organization. For that agency has been created "to contribute to peace and security by promoting collaboration among the nations through education, science, and culture.

No one can speak with greater authority about the purpose and philosophy of UNESCO than Julian Huxley. As Executive Secretary of the Preparatory Commission of UNESCO and as Director General of UNESCO proper, he has been a major influence in that agency. Although his views do not necessarily reflect officially adopted policies, their significance is indeed great.

After the title page, the following statement appeared:

Although this paper was prepared by Mr. Huxley in connection with his responsibilities as Executive Secretary of the Preparatory Commission of the United Nations Educational, Scientific, and Cultural Organization, the views presented herein do not necessarily reflect the official policiees of the Commission or the Organization.

The 1946 French edition was identified with the catalogue number:

UNESCO/C/6
le 15 septembre 1946

The copy used here was printed in Great Britain by The Frederick Printing Co., Ltd, 23 Leonard Street, London, EC2. It contained no front matter other than the title page, and it contained no artwork. It was distributed with the following disclaimer as a separate insert:

UNESCO/Misc./72
Paris, le 6 décembre 1946
<u>Organisation des Nations Unies</u>
<u>Pour L'Education, La Science et La Culture</u>
<u>Confernce Generale</u>
<u>Première Session</u>

Aux terms des instructions données an août par le Comité
exécutif de la Commission préparatoire de l'Organisation
des Nations Unies pour l'Education, la Science et la Culture,
le présent essai du Secrétaire exécutif doit être publié sous
forme de document séparé et signé et considéré comme un
exposé des conceptions personnelles de l'auteur.

Il ne s'agit en aucune façon de l'expression officielle des opin-
ions de la Commission préparatoire.

UNESCO:
ITS PURPOSE
AND ITS PHILOSOPHY

By JULIAN HUXLEY

Director General, United Nations Educational
Scientific and Cultural Organization

CHAPTER I

A BACKGROUND FOR UNESCO

A BACKGROUND FOR UNESCO

I. THE AIMS LAID DOWN FOR UNESCO

Unesco—the United Nations Educational, Scientific and Cultural Organisation—is by its title committed to two sets of aims. In the first place, it is international, and must serve the ends and objects of the United Nations, which in the long perspective are world ends, ends for humanity as a whole. And secondly it must foster and promote all aspects of education, science, and culture, in the widest sense of those words.

Its Constitution defines these aims more fully. The preamble begins with Mr. Attlee's noble words—"since wars begin in the minds of men, it is in the minds of men that the defences of peace must be constructed": it continues by stressing the dangers of ignorance—"ignorance of each other's ways and lives has been a common cause, throughout the history of mankind, of that suspicion and mistrust between the peoples of the world through which their differences have all too often broken into war": and then proceeds to point out that the late war was made possible by the denial of certain basic principles—"the democratic principles of the dignity, equality and mutual respect of men"—and by the substitution for them of "the doctrine of the inequality of men and races."

From these premises it proceeds to point out that "the wide diffusion of culture, and the education of humanity for justice and liberty and peace, are indispensable to the dignity of man and constitute a sacred duty which all the nations must fulfil in a spirit of mutual assistance and concern": and draws the notable conclusion, never before embodied in an official document, that a peace "based exclusively upon the political and economic arrangements of governments" would be inadequate, since it could not "secure the unanimous, lasting and sincere support of the peoples of the world," and that "the peace must therefore be founded, if it is not to fail, upon the intellectual and moral solidarity of mankind." And finally, the States which are parties to the Constitution assert their belief "in full and equal opportunities of education for all, in the unrestricted pursuit of objective truth, and in the free exchange of ideas and knowledge": they agree "to develop and increase the means of communication between their peoples and to employ these means for the purposes of mutual understanding and a truer and more perfect knowledge of their lives": and they "hereby create the United Nations Educational, Scientific and Cultural Organisation," whose purpose is then specifically laid down as that of "advancing, through the educational and scientific and cultural relations of the peoples of the world, the objectives of international peace and of the common welfare of mankind, for which the United Nations Organisation was established and which its charter proclaims."

In Article 1 of the Constitution the methods for realising these aims are broadly defined under three heads.

In the forefront is set Unesco's collaboration in "the work of advancing the mutual knowledge and understanding of peoples, through all means of mass communication," and in the obtaining of international agreements " necessary to promote the free flow of ideas by word and image."

Next is listed the giving of "fresh impulse to popular education and to the spread of culture." Here there is asserted "the ideal of equality of educational opportunity without regard to race, sex or any distinctions, economic or social," and the specific aim is included of suggesting "educational methods best suited to prepare the children of the world for the responsibilities of freedom."

And finally we have the enormous scope of the third head, to "maintain, increase and diffuse knowledge." The methods here listed are, first "the conservation and protection of the world's inheritance of books, works of art and monuments of history and science"; secondly "co-operation among the nations in all branches of intellectual activity," which is to include "the international exchange of persons active in the fields of education. science and culture," and also "the exchange of publications, objects of artistic and scientific interest, and other materials of information"; and thirdly the initiation of "methods of international co-operation calculated to give the peoples of all countries access to the printed and published materials produced by any of them."

These broad statements need amplification and occasionally clarification. Thus nothing is said as to whether co-operation between the nations in intellectual activities should go so far as the setting up of research or other institutions of truly international character, under Unesco's aegis ; and there is, perhaps, an under-emphasis on the artistic activities of man as against the intellectual, and on the creation of new works of art and literature as against the conservation of old ones. Such matters, however, can clearly be solved *ambulando*, and the clarification of detail will be provided as Unesco gets to grips with its concrete tasks.

II. A PHILOSOPHY FOR UNESCO

But in order to carry out its work, an organisation such as Unesco needs not only a set of general aims and objects for itself, but also a working philosophy, a working hypothesis concerning human existence and *its* aims and objects, which will dictate, or at least indicate, a definite line of approach to its problems. Without such a general outlook and line of approach, Unesco will be in danger of undertaking piecemeal and even self-contradictory actions, and will in any case lack the guidance and inspiration which spring from a belief in a body of general principles.

From acceptance of certain principles or philosophies, Unesco is obviously debarred. Thus, while fully recognising the contribution made to thought by many of their thinkers, it cannot base its outlook

6

on one of the competing theologies of the world as against the others, whether Islam, Roman Catholicism, Protestant Christianity, Buddhism, Unitarianism, Judaism, or Hinduism. Neither can it espouse one of the politico-economic doctrines competing in the world to-day to the exclusion of the others—the present versions of capitalistic free enterprise, Marxist communism, semi-socialist planning, and so on. It cannot do so, partly because it is contrary to its charter and essence to be sectarian, partly for the very practical reason that any such attempt would immediately incur the active hostility of large and influential groups, and the non-cooperation or even withdrawal of a number of nations.

For somewhat similar reasons it cannot base itself exclusively on any special or particular philosophy or outlook, whether existentialism or *élan vital*, rationalism or spiritualism, an economic-determinist or a rigid cyclical theory of human history. Nor, with its stress on democracy and the principles of human dignity, equality and mutual respect, can it adopt the view that the State is a higher or more important end than the individual ; or any rigid class theory of society. And in the preamble to its Constitution it expressly repudiates racialism and any belief in superior or inferior "races," nations, or ethnic groups.

And finally, with its stress on the concrete tasks of education, science and culture, on the need for mutual understanding by the peoples of the world, and on the objectives of peace and human welfare on this planet, it would seem debarred from an exclusively or primarily other-worldly outlook.

So much for what Unesco cannot or should not adopt in the way of philosophies or guiding principle. Now for the positive side. Its main concern is with peace and security and with human welfare, in so far as they can be subserved by the educational and scientific and cultural relations of the peoples of the world. Accordingly its outlook must, it seems, be based on some form of humanism. Further, that humanism must clearly be a world humanism, both in the sense of seeking to bring in all the peoples of the world, and of treating all peoples and all individuals within each people as equals in terms of human dignity, mutual respect, and educational opportunity. It must also be a scientific humanism, in the sense that the application of science provides most of the material basis for human culture, and also that the practice and the understanding of science need to be integrated with that of other human activities. It cannot, however, be materialistic, but must embrace the spiritual and mental as well as the material aspects of existence, and must attempt to do so on a truly monistic, unitary philosophic basis.

Finally it must be an evolutionary as opposed to a static or ideal humanism. It is essential for Unesco to adopt an evolutionary approach. If it does not do so, its philosophy will be a false one, its humanism at best partial, at worst misleading. We will justify this assertion in detail later. Here it is only necessary to recall that in the last few decades it has been possible to develop an extended or general theory of evolution which can provide the necessary intellectual scaffolding for modern humanism. It not only shows us man's place in nature and his relations to the rest of the phenomenal universe, not only gives us a description of the various types of evolution and the various trends and directions within them, but allows us to distinguish desirable and undesirable trends, and to demonstrate the existence of progress in the cosmos. And finally it shows us man as now the sole trustee of further evolutionary progress, and gives us important guidance as to the courses he should avoid and those he should pursue if he is to achieve that progress.

An evolutionary approach provides the link between natural science and human history ; it teaches us the need to think in the dynamic terms of speed and direction rather than in the static ones of momentary position or quantitative achievement ; it not only shows us the origin and biological roots of our human values, but gives us some basis and external standards for them among the apparently neutral mass of natural phenomena ; and it is indispensable in enabling us to pick out, among the chaotic welter of conflicting tendencies to-day, those trends and activities and methods which Unesco should emphasise and facilitate.

Thus the general philosophy of Unesco should, it seems, be a scientific world humanism, global in extent and evolutionary in background. What are the further implications, practical as well as theoretical, of such an outlook ? We must examine these in some detail before coming down to a consideration of Unesco's activity section by section.

III. UNESCO AND HUMAN PROGRESS

Our first task must be to clarify the notion of desirable and undesirable directions of evolution, for on this will depend our attitude to human progress—to the possibility of progress in the first place, and then to its definition. If the discussion at first seems academic and remote, yet it will speedily appear that it has the most direct bearing upon Unesco's work.

Evolution in the broad sense denotes all the historical processes of change and development at work in the universe. It is divisible into three very different sectors—the inorganic or lifeless, the organic or biological, and the social or human. The inorganic sector is by far the greatest in extent, comprising the overwhelming bulk of the cosmos, both of interstellar space and of the material aggregates we call stars. On the other hand, the methods by which change is brought about in this sector are almost entirely those of mere physical interaction, and the highest rate of evolution so slow as to be almost beyond our comprehension, the "life" of a star being of the appalling order of magnitude of 10^{12} years.

The biological sector is very much limited in extent, being confined to the outer surface of the single small planet Earth, and perhaps to the very few similar situations in the universe. On the other hand, with the emergence of the two basic properties of living matter—self-reproduction and variation (mutation)—a quite new and much more potent method of change became available to life, in the shape of Natural Selection. And as a result the possible rate of evolution was enormously speeded up. Thus the entire evolution of life, from its pre-cellular origins to man, took little more than 10^9 years, and quite large changes, such as the evolution of the fully specialised horses from their small and generalised ancestors, or that of the first true birds from reptiles, could be achieved in a period which is nearer to 10^7 than 10^8 years.

Finally there is the human sector. This is still further restricted in extent, being confined to the single species, man. But once more a new and more efficient method of change is available. It becomes available to man through his distinctively human properties of speech and conceptual thought, just as Natural Selection became available to life as a result of its distinctive properties of reproduction and variation. Objectively speaking, the new method consists of cumulative tradition, which forms the basis of that social heredity by means of which human societies change and develop. But the new method also has a subjective aspect of great importance. Cumulative tradition, like all other distinctively human activities, is largely based on conscious processes—on knowledge, on purpose, on conscious feeling, and on conscious choice. Thus the struggle for existence that underlies natural selection is increasingly replaced by conscious selection, a struggle between ideas and values in consciousness.

Through these new agencies, the possible rate of evolution is now once more enormously speeded up. What is more, there has so far been a steady acceleration of the new rate. Whereas in lower palaeolithic times, major change required something of the order of 10^6 years, by the late upper palaeolithic the unit was nearer 10^4 years, and in historic times soon came down to the century or 10^2 years ; and during the last hundred years each decade has seen at least one major change—if we are to choose ten such, let us select photography, the theory of evolution, electro-magnetic theory with its application in the shape of electric light and power, the germ theory of disease, the cinema, radioactivity and the new theories of matter and energy, wireless and television, the internal combustion engine, chemical synthetics, and atomic fission. To-day, indeed, even the most momentous changes, such as the discovery and practical application of atomic fission, may take only half a decade, and there is as yet no sign of the rate of acceleration slowing down.

Evolution in the human sector consists mainly of changes in the form of society, in tools and machines, in new ways of utilising the old innate potentialities, instead of in the nature of these potentialities, as in the biological sector. Man's inherited mental powers cannot have changed appreciably since the time of the Aungriacian cave-dwellers : what have changed are the ways in which those powers are used, and the social framework which conditions their use. This is not to say that what has happened since the Aungriacian period or since the time of ancient Greece, is not evolution : it is a very astonishing bit of evolution. Nor does it mean that man's innate mental powers could not be improved. They certainly were improved (presumably be natural selection) in the earliest stages of his career, from Pekin man through the Neanderthalers to our own species ; and they could certainly be improved further by deliberate eugenic measures, if we consciously set ourselves to improve them. Meanwhile, however, it is in social organisation, in machines, and in ideas that human evolution is mostly made manifest.

These three sectors have succeeded each other in time. Perhaps the next fact that strikes one concerning the process as a whole is that the physical basis and the organisation of what evolves becomes more complex with time, both in the passage from one sector to the next, and within each sector. Most of the inorganic sector is composed of atoms or of the still simpler subatomic units, though here and there it attains the next higher level of *molecule*. Further in a few rare situations it must have reached the further stage of organic molecule (macro-molecule), which can comprise a much larger number and more complex arrangement of atoms, owing to the capacity of carbon atoms, in certain conditions, to combine with each other to form the framework of large molecules, having the shape of rings or chains or elaborate branched structures. It was from among organic molecules that the living or self-reproducing molecules of the biological sector were later evolved. These are far more elaborate, consisting of hundreds or possibly thousands of atoms. And their vast but still submicroscopic complexity provided the basis for an even greater visible elaboration. The complexity of the bodily structure of a bird or a mammal is almost inconceivable to anyone who has not systematically studied it. And this visible complexity has increased with time during biological evolution : a bird or a mammal is more complex than a fish, a fish much more complex than a worm, a worm than a polyp, a polyp than an amoeba, an amoeba than a virus. Finally, in the human sector, a new complexity is superimposed on the old, in the shape of man's tools and machines and social organisation. And this, too, increases with time. The elaboration of a modern state, or of a machine-tool factory in it, is almost infinitely greater than that of a primitive tribe or the wooden and stone implements available to its inhabitants.

But it is not only complexity which increases with time. In the biological sector, evolution has led to greater control over the environment and greater independence of the changes and chances of the environment. It has also promoted a higher degree of individuality. And this trend is connected with another which has led to increase of mental powers—greater capacities for acquiring and organising knowledge, for experiencing emotion, and for exerting purpose. This last trend, towards fuller knowledge, richer emotion, and more embracing purpose, is continued (though by different methods) in the human sector, and is continued at a much increased rate. But to it is superadded another trend—an increase in the capacity to appreciate values, to appreciate experiences that are of value in their own right and for their own sake, to build on knowledge, to work through purpose, and to inject ethical values into the process of social evolution itself.

The ethical values may be limited and primitive, such as unquestioning loyalty to a tribe, or high and universal, like those which Jesus first introduced into the affairs of the world : the point is that only in the human sector do they become a part of the mechanism of change and evolution.

These broad trends are not universal. In the biological sector, for instance, stability may under certain conditions be the rule instead of change, or change may be restricted to the quite minor alterations involved in producing new species or genera of an already existing general type.

Even when broad trends exist, they need not be desirable from the long-term point of view. Thus most trends observed in life, like that seen in the horse or elephant stock, are only specialisations. These, after tens of millions of years of one-sided improvement for a particular way of life, lead inevitably to an evolutionary dead end, after which no further major change is possible. However, a few trends do occur which promote an all-round improvement of organisation, such as the evolution of early mammals from reptiles, or early man from mammals. These do not close the door on further major change, as was demonstrated by the large-scale evolution of mammals in the Tertiary, or of man's societies since the Ice Age ; they are thus the only changes which are, from the longest-range point of view, desirable, the only trends which deserve to be called progressive.

In addition, we now know much about the methods of biological evolution : the existence of several quite different types of selection ; the conditions which promote or retard change ; the subordinate position of mutation as against selection in directing the course of evolution ; the evolutionary roles of the degree of specialisation and of progress shown by an organism, of its biological environment, and of its physical environment respectively, and the interaction between them ; the evolutionary conflict between the limitations set by an organism's nature and past history and the requirements of the present, and its solution by means of some new adjustment —or its lack of solution, followed by extinction.

This last point immediately recalls the thesis, antithesis, and synthesis of Hegelian philosophy, and the Marxist "reconciliation of opposites" based upon it. Indeed, dialectical materialism was the first radical attempt at an evolutionary philosophy. Unfortunately it was based too exclusively upon principles of social as against biological evolution, and in any case was undertaken too early, before either the facts or their analysis were adequate to support any such vast superstructure. To-day it is possible at least to begin the construction of a comprehensive philosophy of evolution ; and many of its conclusions will be of value in formulating details of Unesco's own philosophy. For the moment, however, we have no space to discuss any except the one key principle of evolutionary progress.

For it is of major importance that biology has enabled us to detect a direction in evolution as a whole, and not merely within the small domain of human life, to which the term progress can properly be applied. This evolutionary progress, we find, is directed towards an increase of the following characteristics. Throughout evolution, an increase in complexity of organisation ; on this, in the biological and human sectors, is superposed a more important trend towards greater control over and greater independence of the environment, and, in later phases, one towards an increase of mental capacities ; and finally, in the human sector alone, an increase in the understanding and attainment of intrinsic values, which now in its turn becomes the most important characteristic of progress. Throughout, progress has the further characteristic of always permitting further progress, never shutting the door on later advance.

Of special importance in man's evaluation of his own position in the cosmic scheme and of his further destiny is the fact that he is the heir, and indeed the sole heir, of evolutionary progress to date. When he asserts that he is the highest type of organism, he is not being guilty of anthropocentric vanity, but is enunciating a biological fact. Furthermore, he is not merely the sole heir of past evolutionary progress, but the sole trustee for any that may be achieved in the future. From the evolutionary point of view, the destiny of man may be summed up very simply : it is to realise the maximum progress in the minimum time. That is why the philosophy of Unesco must have an evolutionary background, and why the concept of progress cannot but occupy a central position in that philosophy.

The analysis of evolutionary progress gives us certain criteria for judging the rightness or wrongness of our aims and activities, and the desirability or otherwise of the tendencies to be noted in contemporary history—tendencies of which Unesco must take account. Thus mere increase of our control over nature is not to be valued for itself, yet appears to be a necessary foundation for future progress. Put in a way more closely affecting Unesco's programme, research may be perverted, and its material applications may be over-valued ; yet without them we shall not advance. This conclusion applies *a fortiori* to mere complexity of social organisation. Again, even knowledge that appears to be wholly beneficent can be applied in such a way that it does not promote progress. Thus, the application of medical science may increase the number of human beings in a given area but lower their quality or their opportunities for enjoyment of life : and if so, in the light of our basic criterion of evolutionary direction, it is wrong. We are brought by a new route to realise once more the need for a Unesco policy balanced between many fields—in this instance, Unesco policy would have to include, besides the application of medical science, studies on agricultural productivity (soil erosion, mechanisation, etc.) and on social welfare, and also the provision of birth-control facilities.

In general, Unesco must constantly be testing its policies against the touchstone of evolutionary progress. A central conflict of our times is that between nationalism and internationalism, between the concept of many national sovereignties and one world sovereignty. Here the evolutionary touchstone gives an unequivocal answer. The key to man's advance, the distinctive method which has made evolutionary progress in the human sector so much more rapid than in the biological and has given it higher and more satisfying goals, is the fact of cumulative tradition, the existence of a common pool of ideas which is self-perpetuating and itself capable of evolving. And this fact has had the immediate consequence of making the type of social organisation the main factor in human progress or at least its limiting framework.

Two obvious corollaries follow. First, that the more united man's tradition becomes, the more rapid will be the possibility of progress : several separate or competing or even mutually hostile pools of tradition cannot possibly be so efficient as a single pool common to all mankind. And secondly, that the best and only certain way of securing this will be through political unification. As history shows, unifying ideas *can* exert an effect across national boundaries. But, as history makes equally evident, that effect is a partial one and never wholly offsets the opportunities for conflict provided by the existence of separate sovereign political units.

The moral for Unesco is clear. The task laid upon it of promoting peace and security can never be wholly realised through the means assigned to it—education, science and culture. It must envisage some form of world political unity, whether through a single world government or otherwise, as the only certain means for avoiding war. However, world political unity is, unfortunately, a remote ideal, and in any case does not fall within the field of Unesco's competence. This does not mean that Unesco cannot do a great deal towards promoting peace and security. Specifically, in its educational programme it can stress the ultimate need for world political unity and familiarise all peoples with the implications of the transfer of full sovereignty from separate nations to a world organisation. But, more generally, it can do a great deal to lay the foundations on which world political unity can later be built. It can help the peoples of the world to mutual understanding and to a realisation of the common humanity and common tasks which they share, as opposed to the nationalisms which too often tend to isolate and separate them.

It can promote enterprises which, by being fully international from the outset, demonstrate that nationality and nationalism can be transcended in shared activity. Examples of such enterprises are the Unesco Centre of Applied Mathematics proposed in the Natural Science Chapter dealing with the International Reconstruction Camps, proposed in the Education Chapter as a contribution to reconstruction, the activities centred round the World Bibliographical and Library Centre and the International Clearing House for Publications proposed in the section dealing with libraries, the

13

International Home and Community Planning Institute envisaged in the Chapter on Social Science, the International Theatre Institute proposed in that on the Creative Arts, and the production of internationally-conceived films and radio programmes envisaged in the Chapter on Mass Media.

Unesco also can and should promote the growth of international contacts, international organisations, and actual international achievements, which will offer increasing resistance to the forces making for division and conflict. In particular, it can both on its own account and in close relation with other U.N. agencies such as the F.A.O. and the World Health Organisation, promote the international application of science to human welfare. As the benefits of such world-scale collaboration become plain (which will speedily be the case in relation to the food and health of mankind) it will become increasingly more difficult for any nation to destroy them by resorting to isolationism or to war.

In the specific cases of atomic fission, bacteriology and micro-biology, Unesco can do a great deal by large-scale campaigns of public education designed to throw into contrast the disastrous effects of using our knowledge for new warlike purposes, in the shape of atom bombs and the still greater horrors of "biological warfare," and the wonderful opportunities that open out if we use it for increasing human welfare—by making new sources of energy available to mankind in general and to certain backward regions in particular, and by harnessing micro-organisms as the chemical servants of man, as well as by banishing germ-caused disease. And since practical demonstration is the best form of education, Unesco should stimulate to the utmost extent the application of nuclear physics and of microbiology to peaceful ends.

With all this Unesco must face the fact that nationalism is still the basis of the political structure of the world, and must be prepared for the possibility that the forces of disruption and conflict may score a temporary victory. But even if this should occur, Unesco must strain every nerve to give a demonstration of the benefits, spiritual as well as material, to be obtained through a common pool of tradition, and specifically by international co-operation in education, science, and culture, so that even should another war break out, Unesco may survive it, and in any case so that the world will not forget.

QUALITY AND QUANTITY

There is one other general implication of the fact of evolutionary progress, which Unesco must take into account—the importance of quality as against quantity. Throughout evolution, progress has consisted in the raising of the upper level of certain properties of the "world stuff" of which we, as well as the stars, are made. And in the human sector, progress has been increasingly concerned with values—intellectual, aesthetic, emotional and moral. In the realm of values, quantity, whether in regard to number, size or extension, is irrelevant to progress. The bulk of the inorganic sector of the universe is almost infinitely greater than that of the biological sector : yet it is in the latter alone that material organisation has revealed its astonishing possibilities. Again, there are over a million separate species of plants and animals as against one in the human sector ; but this single species Man is the only one in which evolution has produced the full flowering of mind and spirit.

Unesco must guard itself against the tendency, current in some quarters, of reducing everything to quantitative terms, as if a counting of heads were more important than what was going on inside them. This tendency to think only or mainly in terms of quantity is partly a reflection of our mass-production age, but partly due to the debasement or misconception of the principles of democracy, in rather the same way as militaristic nationalism has been founded on a misconception of Darwinian principles.

The Age of the Common Man : the Voice of the People : majority rule: the importance of a large population :— ideas and slogans such as these form the background of much of our thinking, and tend, unless we are careful, towards the promotion of mediocrity, even if mediocrity in abundance, and at the same time, towards the discouragement of high and unusual quality.

Let Unesco have a clear mind on this subject. Quantity is of importance—but as a means, a foundation for quality. It is true that one could not carry on a high modern civilisation in a population the size of a bushman tribe, any more than life could evolve the mental powers of a higher mammal in an organism the size of an amoeba. There is, however, an optimum range of size for every human organisation as for every type of organism. A land animal ten times the weight of an elephant would be biologically extremely inefficient, just as a committee of two hundred members would be socially extremely inefficient. Similarly, there is an optimum range of human population density, and of total population in the world.

Meanwhile, Unesco must devote itself not only to raising the general welfare of the common man, but also to raising the highest level attainable by man. This applies to the opportunities of experience and enjoyment generally available, to the quality of training provided and to the human material itself. Human progress consists partly in the raising of the average level within pre-existing limits of achievement and possibility, but also in raising the upper level of these limits and embarking man upon new possibilities.

The encouragement of variety of genius, of quality in general, however incomprehensible to the multitude, must be one of the major aims of Unesco.

The methods of realising this aim demand the most careful study. The first pre-requisite is to make the world realise that proper social organisation can be made to promote, and is indeed the only adequate means of promoting, both the degree and the variety of individuation among the members of society. In the present phase of history, the tendency has been to regard efficiency of social organisation and high degree of individuality as an inevitable opposition. At one extreme we have the exaggerated individualism, found mostly in the U.S.A., which still looks on "government" and all organisation of society as somehow inimical to the people as individuals. At the other extreme we have the philosophy of Fascism, in which the State is regarded as embodying the highest values, and any undue development of the individual is suppressed as inimical to the State. However, this apparent contradiction is a false one, and the "opposites" of society and the individual can be reconciled. Though that reconciliation will not be easy, it is, with the prevention of war, the most important task now before existing humanity.

SOME GENERAL PRINCIPLES

Against this background, our scientific humanism can pick out certain general principles which will be useful as general encouragements or detailed guides to Unesco in pursuing the broad aims laid down for it.

In the first place, our evolutionary analysis shows clearly enough that a well-developed human individual is the highest product of evolution to date. This provides external and scientific support for the democratic principle of the dignity of men, to which by its Constitution Unesco is committed. It also constitutes a complete disproof of all theses, like those of Hegelian philosophy, of Fascism, or of Nazism, which maintain that the State is in some way higher than the individual, and that the individual exists only or primarily for the State.

On the other hand, we have been brought to realise that the evolution of man, though a natural continuation of that of the rest of life, is quite a different process, operating by the essentially social method of cumulative tradition, and manifesting itself primarily in in the development of societies, instead of in the genetic nature of the individuals composing them. And this at once makes it equally obvious that the opposed thesis of unrestricted individualism is equally erroneous. The human individual is, quite strictly, meaningless in isolation ; he only acquires significance in relation to some form of society. His development is conditioned by the society into which he is born and the social traditions which he inherits ; and the value of the work he does in life depends on the social framework which benefits by it or transmits it to later time.

Thus Unesco's activities, while concerned primarily with providing richer development and fuller satisfactions for the individual, must always be undertaken in a social context ; and many of its specific tasks will be concerned with the social means towards this general end—the improvement of social mechanisms or agencies, such as educational systems, research organisations, art centres, the press, and so forth. In particular, Unesco must clearly pay

16

special attention to the social mechanism of cumulative tradition in all its aspects, with the aim of ensuring that it is both efficient and rightly directed in regard to its essential function of promoting human evolution.

As we have seen earlier, the unifying of traditions in a single common pool of experience, awareness, and purpose is the necessary prerequisite for further major progress in human evolution. Accordingly, although political unification in some sort of world government will be required for the definitive attainment of this stage, unification in the things of the mind is not only also necessary but can pave the way for other types of unification. Thus in the past the great religions unified the thoughts and attitudes of large regions of the earth's surface ; and in recent times science, both directly through its ideas and indirectly through its applications in shrinking the globe, has been a powerful factor in directing men's thoughts to the possibilities of, and the need for, full world unity.

Special attention should consequently be given by Unesco to the problem of constructing a unified pool of tradition for the human species as a whole. This, as indicated elsewhere, must include the unity-in-variety of the world's art and culture as well as the promotion of one single pool of scientific knowledge. But it must also eventually include a unified common outlook and a common set of purposes. This will be the latest part of the task of unifying the world mind ; but Unesco must not neglect it while engaged on the easier jobs, like that of promoting a single pool of scientific knowledge and effort.

From this global aim, another principle immediately follows. It is that Unesco should devote special attention to the levelling up of educational, scientific and cultural facilities in all backward sectors where these are below the average, whether these be geographical regions, or under-privileged sections of a population. To use another metaphor, it must attempt to let in light on the world's dark areas.

The reason for this is plain. For one thing it will be impossible for humanity to acquire a common outlook if large sections of it are the illiterate inhabitants of a mental world entirely different from that in which a fully educated man can have his being, a world of superstition and petty tribalism in place of one of scientific advance and possible unity. Thus mass campaigns against illiteracy and for a common fundamental education must form part of Unesco's programme. Further, a satisfactory common scale of values can obviously not be attained so long as large sections of mankind are preoccupied with the bare material and physiological needs of food, shelter, and health.

Again, science will not achieve its optimum rate of advance, either in research or in its application, until its light is more evenly shed over the dark surface of the world's ignorance, so as to provide a more equable distribution of scientists, of apparatus, and (equally important in the long run) of popular understanding of science.

17

With art and the appreciation of beauty, much of the "dark area" is differently situated—in the centres of industry and among the proletariat of industrially advanced sections. But the task of lightening the dark spots in this field is no less urgent than in education or in science.

Furthermore, social mechanisms must be constructed in the right way if they are to provide the basis for realising the right values and for providing individuals with the fullest opportunities and satisfactions. An educational system, for instance, can just as readily be made to promote the idea of a chosen race or of a privileged caste as it can that of the dignity of men and the equality of their opportunity. A scientific system can be based on secrecy and focussed on war or on economic rivalry : or it can be focussed on increasing human knowledge and human welfare, and founded on freedom. A mass-production system can indirectly destroy creative initiative and aesthetic appreciation, and lead to apathy or escapism, as readily as it can be made to function directly to produce for real human needs.

Thus broad studies of various social mechanisms and their effects, conducted in the light of some general philosophy, will necessarily form part of Unesco's programme. One such item, which has been given a high priority, is that of the effects of mechanisation on civilisation.

THE PRINCIPLE OF EQUALITY AND
THE FACT OF INEQUALITY

Finally we come to a difficult problem—that of discovering how we can reconcile our principle of human equality with the biological fact of human inequality. Perhaps the problem is not so difficult as it appears when stated in this paradoxical form ; for the contradiction largely disappears as soon as it is realised that equality is used in two very different senses. The democratic principle of equality, which is also Unesco's, is a principle of equality of opportunity—that human beings should be equal before the law, should have equal opportunities for education, for making a living, for freedom of expression and movement and thought. The biological absence of equality, on the other hand, concerns the natural endowments of man and the fact of genetic difference in regard to them.

There are instances of biological inequality which are so gross that they cannot be reconciled at all with the principle of equal opportunity. Thus low-grade mental defectives cannot be offered equality of educational opportunity, nor are the insane equal with the sane before the law or in respect of most freedoms. However, the full implications of the fact of human inequality have not often been drawn and certainly need to be brought out here, as they are very relevant to Unesco's task.

At the outset, let it be clearly understood that we are here speaking only of biological inequality—inequality in genetic endowment. Social inequality, due to accident of birth or upbringing, is something wholly different.

Concretely, genetic human inequality is of two types. First, there is the inequality of mere difference. Some people are fair, others dark ; some are tall and thin, others short and stocky ; some have a natural gift for music, others for athletics ; some are introspective, others practical and extrovert. Indeed, we can now definitely state that no two human beings, with the single exception of the members of pairs of identical twins, are biologically equal in the sense of possessing the same genetic constitution, so that biological difference is, for all practical purposes, universal. Furthermore, the range and degree of genetic variety in man is greater than that to be found in any other animal species. This is largely due to one of man's biological peculiarities, namely that his local differentiation into races is not continued to the stage of separate and inter-sterile species, as in almost all other organisms, but has always been followed by migration and interbreeding. But whatever its cause, the resultant high degree of variability is a fact, and one of considerable evolutionary importance.

Secondly, there is difference in quality or level. Human beings are not equal in respect of various desirable qualities. Some are strong, others weak ; some healthy, others chronic invalids ; some long-lived, others short-lived ; some bright, others dull ; some of high, others of low intelligence ; some mathematically gifted, others very much the reverse ; some kind and good, others cruel and selfish.

It is usually not so easy to say how much of this second sort of inequality is due to heredity and therefore relevant for our purpose, how much only to the effects of physical or social environment. But in most cases we now know, and in almost all can be reasonably sure, that some at least of the difference is genetic. This is certain, for instance, of length of life, physical strength, and, most important for our purpose, for intellectual gifts—both special ones like mathematical aptitude and general ones like intelligence ; while it is highly probable for some aspects of moral qualities, though the situation here is more complex.

It is therefore of the greatest importance to preserve human variety ; all attempts at reducing it, whether by attempting to obtain greater " purity " and therefore uniformity within a so-called race or a national group, or by attempting to exterminate any of the broad racial groups which give our species its major variety, are scientifically incorrect and opposed to long-run human progress. On the contrary, Unesco should aim at securing the fullest contribution to the common pool from racial groups which, owing to their remoteness or their backwardness, have so far had little share in it. While the social difficulties caused by wide racial crossing may be too great to permit the deliberate large-scale use of it as a means of still further increasing the extent of human genetic variability, we must assuredly make the best use of the variability which already exists.

The fact of human difference has another implication for Unesco. Every encouragement should be given to the study of distinct psycho-physical types. Such work has been begun by men like Kretschmer, Draper and Sheldon, but needs to be pushed much further before secure generalisations can be drawn from it. When the time comes, however, they will be important. For one thing they will be of great value in job selection, in picking those who are most likely to profit from a particular sort of training or are most suitable for a particular kind of work. Conversely, we shall then be enabled to lay down that certain types of men should be debarred from holding certain types of positions.

Already considerable progress has been made, though largely on an empirical basis as yet, in fitting the right man to the right job—notably by the Selection Boards for officers which were set up during the late war.

Still more important, any such generalisations will give us a deeper understanding of the variations of human nature, and in doing so will enable us correctly to discount the ideas of men of this or that type. Thus it already seems clear that fanatics and over-zealous doctrinaire moralists are generally of the general type christened *asthenic* by Kretschmer : and the time will doubtless come when we shall be able to be more precise and say that a particular sub-type of asthenic is definitely prone to over-rigid moralising, depending on an exaggerated guilt-complex combined with a tendency to introversion, and therefore that men of this type should not be allowed to do what they are likely to be itching for, namely to be arbiters of morals or in any way responsible for the punishment of offenders. We may, perhaps, also look forward to correlating some recognisable variety of Kretschmer's pyknic type with a pedestrian form of practical extroversion ; and if so should beware of allowing such men to be promoted from routine adminis-tration (at which they are likely to be good) to positions where imagination and intellectual generalisation are required.

There remains the second type of inequality. This has quite other implications ; for, whereas variety is in itself desirable, the existence of weaklings, fools, and moral deficients cannot but be bad. It is also much harder to reconcile politically with the current democratic doctrine of equality. In face of it, indeed, the principle of equality of opportunity must be amended to read "equality of opportunity within the limits of aptitude." Thus it is a fact, however disagreeable, that a considerable percentage of the popula-tion is not capable of profiting from higher education ; to this point we shall return later. It is equally a fact that a considerable percentage of young men have to be rejected for military service on grounds of physical weakness or mental instability, and that these grounds are often genetic in origin. Again, many people are not intelligent or not scrupulous enough to be entrusted with political responsibility—a fact which unfortunately does not prevent quite a number of them from attaining it.

To adjust the principle of democratic equality to the fact of biological inequality is a major task for the world, and one which will grow increasingly more urgent as we make progress towards realising equality of opportunity. To promote this adjustment, a great deal of education of the general public will be needed as well as much new research ; and in both these tasks Unesco can and should co-operate.

This does not mean, of course, that Unesco should aim at labelling, docketing, or dragooning humanity. It means that it should encourage all studies and all methods which can be used to ensure that men find the right jobs and are kept away from the wrong jobs—to ensure that individuals find outlets satisfying to their temperament, and work appropriate to their talents, while at the same time ensuring that society is not overburdened with people in positions for which they are inadequate or, still worse, which they are likely to abuse.

Biological inequality is, of course, the bedrock fact on which all of eugenics is predicated. But it is not usually realised that the two types of inequality have quite different and indeed contrary eugenic implications. The inequality of mere difference is desirable, and the preservation of human variety should be one of the two primary aims of eugenics. But the inequality of level or standard is undesirable, and the other primary aim of eugenics should be the raising of the mean level of all desirable qualities. While there may be dispute over certain qualities, there can be none over a number of the most important, such as a healthy constitution, a high innate general intelligence, or a special aptitude such as that for mathematics or music.

At the moment, it is probable that the indirect effect of civilisation is dysgenic instead of eugenic ; and in any case it seems likely that the dead weight of genetic stupidity, physical weakness, mental instability, and disease-proneness, which already exist in the human species, will prove too great a burden for real progress to be achieved. Thus even though it is quite true that any radical eugenic policy will be for many years politically and psychologically impossible, it will be important for Unesco to see that the eugenic problem is examined with the greatest care, and that the public mind is informed of the issues at stake so that much that now is unthinkable may at least become thinkable.

But, although one of the tasks before Unesco is the clearing of its own mind on fundamental issues, it has before it a concrete and immediate job of work in a number of fields. The next chapter will be devoted to a general consideration of these fields of activity, and the principles which should guide Unesco in its approach to work in them.

CHAPTER II

THE PROGRAM OF UNESCO

THE PROGRAM OF UNESCO

These considerations have led us far afield. Under their influence we have turned back to retrace the remote history of our world, the adventures and frustrations of life, its failures and achievements, and in particular to trace the long, unbroken, but tenuous ladder of evolutionary progress on which we men have mounted to our present unique position. We have also been forced to throw our gaze forward into the possibilities of the remote future, and to realise that if we are to achieve the fullness of our destiny (in doing which we shall also be achieving the destiny of all life), we must find means to continue the upward building of that ladder of progress, but now by new and conscious means, aware of the dangers which beset our future evolution if we swerve from the right direction.

They have also led us to a deeper grounding and also a more precise understanding of the democratic principles of equality, of respect for human dignity, of the pre-eminence of the individual over the state, and have given us some general guidance on desirable trends in social and international organisation.

It now remains to come down to a more concrete and more immediate task, namely the discussion of the programme which Unesco can hope to undertake in the first years of its existence. But in so doing, we shall constantly find it helpful to bear in mind our background of world evolutionary humanism, and the consequences we have been able to draw from it.

The broad objectives of that programme, it is useful to remind ourselves, are laid down in the constitution of Unesco as including international peace and security, collaboration among the nations, and human welfare ; and some of them are there more precisely defined as the furtherance of the democratic principles of the dignity, equality and mutual respect of men, as well as respect for justice, for the rule of law and for the human rights and fundamental freedoms affirmed in the Charter of the United Nations.

However, the general implications of these objectives have already to a large extent been dealt with during our previous discussion. It now remains to come to grips with the content of the programme. Unesco by definition and title, must be concerned with Education, with Science, and with Culture ; and under its constitution it is expressly charged to concern itself also with the spread of information through all media of Mass Communication— in other words, the press, the cinema, the radio and television.

We must now take these major subjects and see how they should be approached and treated by Unesco. But before doing so, one or two general points should be underlined. In the first place, it is obvious that Science is not to be taken in the narrow sense in which it is sometimes employed in the English-speaking countries, as denoting the Mathematical and the Natural Sciences only, but as broadly as possible, to cover all the primarily intellectual activities of man, the whole range of knowledge and learning. This, then, includes the Natural Sciences, the Social Sciences, and the Humanities —in the logical German terminology, *Naturwissenschaft*, *Sozialwissenschaft*, and *Geisteswissenschaft*. It thus runs from mathematics to theology, from physics to philosophy, and includes such subjects as history and sociology, archaeology and the study of classical literatures, as well as chemistry or bacteriology, geology or social psychology. And, as we shall see in a moment, Unesco must consider all the applications of knowledge as well as its pure pursuit.

The word *Culture* too is used broadly in our title. First of all it embraces creative art, including literature and architecture as well as music and the dance, painting and the other visual arts ; and, once more, the applications of art, in the form of decoration, industrial design, certain aspects of town-planning and landscaping, and so forth. Then it can be used in the sense of cultivation of the mind—directed towards the development of its interests and faculties, acquaintance with the artistic and intellectual achievements both of our own and of past ages, some knowledge of history, some familiarity with ideas and the handling of ideas, a certain capacity for good judgment, critical sense, and independent thinking. In this sphere, we can speak of a high or a low level of culture in a community. And finally it can be employed in the broadest sense of all, the anthropological or sociological one, as denoting the entire material and mental apparatus characteristic of a particular society.

It is clear that Unesco must concern itself with the arts, as indispensable agencies both of individual and social expression, and for the full development and enrichment of personality. It must also concern itself with the level of culture in the second sense, since cultural backwardness, like scientifical or educational backwardness, are a drag on the rest of the world and an obstacle to the progress that we desire.

With culture in the third sense, Unesco must of course be concerned, as a subject of study by the Social Sciences. But it must also be concerned with it to some degree in its own right, in the same sort of way that it must be concerned with art as creative activity as well as a subject for analysis or historical study. In so far as the material culture and the prevalent beliefs and ideas of a society condition its educational and scientific and artistic achievements, or limit its future progress or the welfare of its inhabitants, or cause it to be in any way a danger to peace or security, Unesco must be concerned with them, even though it be debarred from interfering directly with such as are essentially matters of domestic jurisdiction.

THE APPLICATION OF SCIENCE AND ART

There is next a general point which we have already touched upon in particular instances. Unesco cannot be highbrow and confine itself solely to " pure " science, and " fine " art. It cannot do so, because it must concern itself with the whole of humanity, not only with the specialists, the highly educated *élite*, or the privileged few, and is expressly charged with advancing the ideals of equality of educational opportunity ; and this is not possible if Unesco's concern with science and art is confined to the encouragement of the scientist and the artist and to the learned study of their achievements. It cannot do so for another reason—because its Constitution lays upon it the duty of advancing the common welfare of mankind. For the advancement of human welfare depends in the main upon the right application of science—physical, biological, psychological and social—and also, in the sphere of emotional and spiritual satisfactions, upon the application of the arts.

Unesco must therefore concern itself with the widest extension and the fullest application both of the sciences and of the arts. It has, of course, neither the right nor the wish to deal with the detailed problems of nutrition and agriculture, medicine and health, to however great an extent they depend on the applications of science, since, to cope with them, other agencies of the United Nations have been created. With the scientific bases of these questions, however, it must concern itself and must therefore establish a proper liaison, with clear delimitation of functions, between itself and the FAO and the World Health Organisation. The same holds for those applications of the sciences which, because of their importance for labour welfare, fall to be dealt with by the ILO, and of those which, because of their military importance, fall within the province of the Atomic Energy Commission of the Security Council.

Further, it is clear that practical problems of economics and of social structure and welfare, in so far as they are to be dealt with by an international body, must be the concern of the Economic and Social Council ; while certain sectors of social anthropology, such as culture-contact between more and less advanced cultures (which include problems not only of applied science but also of art and literature and of education), will be the primary concern of the Trusteeship Council and of the section of the Economic and Social Council dealing with non-self-governing peoples.

This overlap, however, far from debarring Unesco from concerning itself with the applications of the sciences and the arts in general, makes it all the more imperative that it should do so, and should do so in a particular way. These other agencies and organs of the United Nations which we have mentioned are concerned with particular fields or problems, some larger, some more specialised. Unesco alone is charged with the comprehensive task of studying and promoting all the higher activities of man and their applications, and of doing so in a co-ordinated way, subject to a definite set of purposes.

What Unesco can do in this vast sphere of the practical application of creative knowledge and art, is accordingly to study the problems in correlation, to endeavour to promote the best methods of translating theory into practice, and to give guidance as to right application. The terms *best* and *right* are not used merely in the technical sense of most immediately efficient, but as definitely implying value-judgement. It is possible to exploit new agricultural methods in a way that is in the long run technically disastrous to agriculture itself, by causing soil exhaustion or erosion, but it is also possible to do so in a way which is technically sound but socially wrong—by causing over-population, for instance, or by ruining natural beauty or causing the extinction of striking or interesting species of animals and plants, or by creating a depressed agricultural class with unduly low standards of living. Similarly, it is possible to devote too much attention to exploiting the discoveries of mechanical, physical and chemical science, to the grave detriment of interest in the arts and appreciation of the value of beauty in everyday life and of artistic creation as a human activity ; while a contrary effect is also all too readily possible, when religious prejudice or cultural obscurantism puts obstacles in the way of scientific research and new knowledge, or their beneficent applications.

Again, there are fields with which other agencies are not expressly or immediately concerned. No other United Nations agency deals with the important question of seeing that the arts are properly and fully applied, or that provision is made for satisfying man's need for aesthetic enjoyment, whether of scenery and natural beauty, of the everyday furniture of life, of buildings and cities, or of great works of art and music and literature. Nor is any other agency concerning itself with such important applications of the sciences as the disciplining of the mind to produce so-called mystical experience and other high degrees of spiritual satisfaction ; or with the application of psychology to the technique of government, or to preventing the abuse or the exploitation of democracy.

Thus in this general field Unesco should pursue three main objectives. First, it should discover what applications of science and art are not being considered by other United Nations organisations, and then pick out from among them those it thinks most important to promote or to study. Secondly, it should study the practical applications of science and art as a particular social problem, to discover what are the reasons which prevent, frustrate or distort them, what are the effects of undue speed or undue delay. Such a study should be of considerable help in promoting the technical efficiency of this process—a problem which will become steadily more pressing with the increase of scientific knowledge and of social complexity. And the third objective, the most difficult though perhaps also the most important, is to relate the applications of science and art to each other and to a general scale of values, so as to secure a proper amount and rate of application in each field. If such a task were satisfactorily carried out, and if its findings were acted upon, this would constitute one of the most important contributions towards discovering and pursuing the desirable direction of human evolution—in other words, true human welfare.

EDUCATION

We can now turn to the major subjects with which Unesco has to deal ; for only by fully understanding the nature, aims, and possibilities of these activities and aspects of human life can Unesco hope to develop the details of its programme.

Education (apart from the few limited and rudimentary instances to be found in lower mammals and in birds) is a distinctively human activity : in its developed form, as a cumulative social process, it is entirely confined to Man. It is the process by means of which knowledge, skill, technique, understanding, ideas, emotional and spiritual attitudes, are transmitted from individual to individual and from generation to generation. It is also a major part of the process by which the latent potentialities of the individual are actualised and developed to their fullest extent. It includes the broad sense of adult education and self-education as well as the narrow sense of schooling and training. It is a special field with its own methods, an art which is in process of substituting a scientific basis for an empirical or an *a priori* one. But the scientific basis of education has not yet been fully explored, and what has already been discovered is neither widely enough known nor widely enough applied. Furthermore, it is a field which has never yet been adequately cultivated on the international level, and one whose international possibilities can still hardly be guessed at.

These things being so, it becomes clear that the approach of Unesco must adopt certain general principles concerning education —not only that it should equip the growing human being to earn a livelihood, not only that it should fit him to take his place as a member of the community and society into which he is born, but certain further principles, which have been lacking in many previous (and existing) systems of education.

First, that education can be and should be a permanent and continuing process : the mind is capable of growth throughout life, and provision must be made for assisting its growth—in other words for education—among adults of all ages and not only in children and young people.

Next, that education has a social as well as an individual function : it is one of the means by which society as a whole can become conscious of its traditions and its destiny, can fit itself to make adjustment to new conditions, and can inspire it to make new efforts towards a fuller realisation of its aims.

Thirdly, that scientific research is capable of improving the technique of education to a very large extent, and that accordingly Unesco must give every encouragement to research in this field, and to the full dissemination of its results.

Further, since the world to-day is in process of becoming one, and since a major aim of Unesco must be to help in the speedy and satisfactory realisation of this process, that Unesco must pay special attention to international education—to education as a function of a world society, in addition to its functions in relation to national societies, to regional or religious or intellectual groups, or to local communities.

Next, that education must seek not only to confer knowledge, skills, habits, and outlook upon individuals, but also to bring out and develop their inherent qualities and aptitudes, and to help them to realise their potentialities to the fullest degree possible.

And finally, that education must not confine itself to objectives which are practical in the restricted sense of having immediate utility, whether for the individual or for society. On the contrary, it must include in its scope activities which are valued for their own sake, whether in the intellectual, the aesthetic, or the moral sphere —knowledge for the sake of knowing, discovery for the sake of discovering, beauty because it is beautiful, art and music and literature for their power of moving the human spirit, morality for the sake of living a good life, nobility of character because it is an end in itself. This does not, of course, imply that such activities may not also be of utility to individuals and of importance to societies : it is merely a reminder that they have value in and for themselves, and that, for that reason, they must be included in our educational purview.

As illustrative of problems which need to be given a place in Unesco's educational programme in the near future, we may mention the following specific projects.

First, the attack on illiteracy. This demands a high priority in view of our general principle that the lightening of the " dark zones " of the world must claim a major share of our efforts in all fields. It demands it also specifically, because literacy is a pre-requisite for scientific and technical advance and for its applications to the general welfare through better health, more efficient agriculture, and more productive industry ; for full intellectual awareness and mental development ; for that social and political consciousness which is the necessary basis for democracy and for national progress ; and for international awareness and the knowledge of other nations.

On reflection, however, it is speedily seen that a campaign for mere literacy is not enough. It needs to be linked with the general system of education, and, among illiterates above school age, to be coupled with general social education, notably in relation to health, current methods of agriculture, and citizenship. That is why, in Unesco's programme, literacy campaigns have been merged in a more comprehensive study of Fundamental Education.

The problem of illiteracy illustrates not only the need for avoiding narrowness of subject-matter, but also the dangers of an uncritical or one-sided point of view. Literacy is not enough, for by itself it by no means guarantees the above-mentioned benefits, even if it be a necessary step towards obtaining them. Certainly for some people, literacy has meant little more than the provision of new ways of filling time, new forms of mental dope, new ways of avoiding mental effort, new forms of escape from reality—in the shape of cheap newspapers and magazines and a majority of films—instead of sending them to the stored treasures of human art and wisdom, instead of promoting a fuller enjoyment of reality or a deeper understanding of nature and human life.

Nor is literacy, once achieved, necessarily going to lead either to democracy or, even if it does so, to a right development of society. Nazi Germany demonstrated all too clearly the way in which one of the most literate and most thoroughly educated peoples of the world could be led into false ways and anti-democratic developments ; and in democratic countries the manipulation of the press and the debasement of literature and the cinema for financial or political ends is all too possible. Nor, finally, if literacy helps to achieve international awareness and knowledge, will this necessarily promote peace and international goodwill. In some cases fuller knowledge —about Nazi Germany for instance—could only produce *less* goodwill. Again, knowledge may easily be incomplete knowledge and information be distorted, and these are among the most potent sources of international ill-will.

Thus here, as in almost every other particular project on our programme, we are brought up against the need for studying it from the widest possible angle, with all its consequences and implications ; and the value of an organisation which, like Unesco, is by its constitution many-sided and concerned with all the higher activities of man, is once more demonstrated.

Furthermore, we must heed our general principle of quality as well as that of quantity. It would be wrong, for instance, if Unesco were to throw all its efforts into the task of raising the educational level of the least advanced sections of the world's population. The world cannot carry on, let alone advance, without highly trained technicians and specialists, without universities to train teachers or the trainers of teachers, without well-educated men and women on whom to draw for its administrators, politicians, and statesmen. To take but one example, a recent official survey finds that the number of trained natural scientists available in Britain in the near future will fall far short of requirements unless steps are taken to increase output. The present number of qualified scientists in the country is about 55,000, with an annual output of about 2,500 scientific graduates per annum. The number estimated as the minimum for Britain's needs in 1955 is 90,000 ; and to achieve this, the annual output will have to be doubled. Clearly, Unesco should encourage surveys of this type in every country, and for every type of specialist —be they social scientists or architects, doctors or lawyers, artists or philosophers—and should endeavour to help in filling the gaps which undoubtedly most of them will indicate.

The problem of quality must also be tackled from the opposite end—the quality of the human raw material to be educated as opposed to the type of special educational product required. Here it will be necessary quite soon to face the fact that only a certain fraction of any human population is equipped by heredity to be able to take full or even reasonable advantage of a full higher or professional education. Up till very recent times, this fact did not obtrude itself, for the simple reason that this fraction is quite large, and was very far from being taken care of by existing educational systems. But to-day the extension of the upper limit of education in certain areas, as exemplified, for instance, in some of the State Universities and Colleges in the United States and the British Dominions, where higher education for anyone who wants it is regarded as a right, has made it very obvious, in the unduly large numbers (sometimes a majority of the entrants) who fail to qualify for further study at the end of their first year.

The fact has also been emphasised by the development of intelligence testing, some authorities in this field going so far as to assert that only 10 to 20 per cent. of the population are capable of profiting by a university course. While this particular estimate is almost certainly too low, there can be no doubt of the basic fact. Those who can profit by working for a university degree of the present type constitute only a proportion of the population, whether the proportion be 20 or 40 or even 60 per cent. : for the remainder to attempt it is waste of their own youth, of the time and talents of university teachers, and of public money.

The more Unesco succeeds in the task expressly laid upon it, of promoting equality of educational opportunity, the larger this disagreeable fact of nature will loom. It is thus urgent for Unesco to encourage the accurate study of the distribution of intelligence and other educational aptitudes, in as many populations as possible. Only when this has been satisfactorily done can the system of higher education be properly planned. Such a system would discharge the function which is now in the main that of existing universities, polytechnics, specialised higher colleges, and the like, of training leaders in thought and in affairs, teachers, doctors, architects, lawyers and members of other learned professions, administrators, and specialists and high-grade technicians of various sorts. But it would also, we may assume, have to include provision for some new type of higher education for those with quantitatively lower I.Q.s and aptitudes, who yet desire (or are desired by society), to devote some of their post-adolescent period to further education instead of to earning a living. And when the time comes, it will obviously be for Unesco to help in working out the requirements, both in content and methods, of this new type of higher education.

But the problem of quality does not only concern degree of intelligence ; it concerns also differences in innate aptitudes and in temperamental type. It is well known, for instance, that mathematical and musical aptitudes have a genetic basis ; and proper analysis will undoubtedly confirm this, though perhaps less obviously, for other types of aptitude, such as that for the visual arts, for natural history, for mechanical science, and so on. It will be important for Unesco to aid in the working out of proper methods for determining degrees of special aptitudes of this sort, and later in the development of educational systems to fit the facts thus to be discovered.

Again, temperament may predispose for or against a certain career. Educationists have drawn attention, for instance, to the special problem presented by the "sensitive adolescent," often intellectually or emotionally gifted, whose over-sensitive temperament prompts him to mistrust of self, to withdrawal from the full life of his community, to disbelief in his capacity for practical affairs or social responsibility. As a result, many such types tend to land up in the ranks of the pseudo-intellectuals and dilettantes, or in work not demanding initiative or responsibility, whereas many of them, if their education had been truly efficient, could have been rescued from the effects of their temperament, and could have found employment where sensitiveness and scrupulousness is most needed (though it is too often in short supply) in public service and affairs of state. Even when they successfully embrace an intellectual career, it might have been better for society if their shrinking from the rough-and-tumble of life had not kept them out of public service. For the gifts of men and women of this type to be fully developed and best utilised, it will be necessary to carry out specific studies ; and these too should find a place in Unesco's programme.

There is also the converse problem—of seeing to it that power does not fall into the hands of those who should not possess it—the lovers of power for its own sake, the megalomaniacs, the over-ambitious careerists, the sadists, the insensitive coarse-fibred apostles of success at any price. But this, though Unesco must certainly sometime face it, is a more complex question, and one to be considered by the social scientist as well as the educationist.

One other item which Unesco should put on its programme as soon as possible is the study of the application of psycho-analysis and other schools of " deep " psychology to education. Though some repression into the unconscious seems to be indispensable if the human infant is to develop a normal moral sense and a full personality, yet it is equally obvious that over-strong or one-sided repression is capable of producing various distortions of character and frustrations to full development, and notably a hypertrophied sense of sin which can be disastrous to the individual or to others. If we could discover some means of regulating the process of repression and its effects, we should without doubt be able to make the world both happier and more efficient. This would mean an extension of education backwards from the nursery school to the nursery itself.

To conclude with a more immediate problem, Unesco is proposing to support further study and experiment in regard to the discussion group method. Every extension of democracy, whether political, economic, or cultural, makes it more necessary to have a general awareness among the people at large of the problems, tasks, and possibilities which confront them. The discussion group, properly led and properly serviced by bodies such as the Bureau of Current Affairs, seems to be one of the most fruitful methods to this end, and Unesco must investigate its potentialities in different types of societies and for different special purposes.

A converse problem is that of Public Relations, notably in government. These are in modern conditions indispensable agencies of adult education for citizenship. But they can readily degenerate into organs of justification for government departments or ministers, and can equally readily be distorted into mere propaganda organisations. The most careful study of their uses and abuses, their possibilities and limitations, from the joint angle of education and social science, is of great importance and considerable urgency at the present stage in human evolution.

NATURAL SCIENCE

Unesco's title includes Science and Culture as well as Education. Under these two heads fall most of the human activities which have high intrinsic value—as being not mainly or merely means to an end, however important, such as agriculture or building, transport or manufacture, but, though they will always have the character of means in some respects, as being also ultimate ends and for themselves.

Science in Unesco's programme, as we have seen, must be taken to include all aspects of the pursuit and application of organised knowledge of phenomena. In the last few centuries, this set of human activities has become increasingly dominated by what is generally called the scientific method. Negatively this implies the rejection of purely dogmatic authority, whether of tradition or revelation, and the cessation of reliance primarily on erudition or pure reason, let alone hearsay or anecdote. Positively it implies first the development of the age-old practical method of trial and error and of empirical practice into that of scientific research, whereby new discoveries (as well as old ideas) are regularly checked against the broad facts of nature, by experiment wherever experiment is possible, by observation or by mathematical analysis where it is not ; and secondly it implies the development of the equally immemorial intellectual methods of myth, rationalisation, and logic into that of scientific explanation, whereby increasingly comprehensive theories are built up (again with constant reference back to the touchstones of fact and confirmatory experiment) to account for the body of established phenomena.

The scientific method has firmly established itself as the only reliable means by which we can increase both our knowledge of and our control over objective natural phenomena. It is now being increasingly applied, though with modifications made necessary by the different nature of the raw material, to the study of man and his ways and works, and in the hands of the social sciences is likely to produce an increase in our knowledge of and control over the phenomena of human and social life, almost as remarkable as that which in the hands of the natural sciences it has brought about and is still bringing about in regard to the rest of nature.

"Almost as remarkable" : the reason that we cannot expect quite so remarkable a result lies in the difference of the facts with which the social sciences have to deal. The natural sciences concern themselves with attributes of external reality which in the last resort can be brought to the test of observation through the senses. All other possible attributes or relations—values, emotions, purposes, significance in a general scheme—can be neglected. As a result, an ever-increasing proportion of the raw material of natural science consists of measurements and becomes quantitatively commensurable.

Out of this quantitative approach, there has developed an increasing use of mathematical treatment, until to-day in highly-developed sciences like physics and to a lesser degree genetics, the pure reason, working through mathematical methods, is able to reach new conclusions, sometimes of great complexity and of fundamental importance, from the starting point of a few established facts and principles.

As we shall have occasion to remark later, values cannot be wholly banished from the natural sciences : in certain branches of biology, even if originally disregarded, they re-appear later with results of some significance. *Naturam expelles furca, tamen usque recurret.* But in the social sciences they can never be wholly banished, and even to disregard them temporarily is dangerous. Even when social data can be put completely into quantitative form, as for instance in demographic or medical statistics or in economic returns, human feelings, values and purposes must be taken into account before we can either understand the phenomena properly or hope to exercise proper control over them ; and values are incommensurable on any quantitative scale. Thus demographic statistics and their mathematical analysis can demonstrate a temporarily inescapable population trend. But only an understanding of the motives which induce people to have many, few, or no children will help us to alter that trend if we so desire ; and their motives depend on their scale of values.

However, it remains true that the scientific method is by far the most important means at our disposal for increasing the volume of our knowledge, the degree of our understanding, and the extent of our control, of objective phenomena ; and further that the consequence of discovery in natural science may produce changes in human society (including often changes in our scale of values) greater than those brought about by any other means.

Science, it is often and rightly stated, is by its nature opposed to dogmatic orthodoxies and to the claims of authority. It grows, keeping its mind open and if need be changing it, by the discovery of fresh facts and by new interpretation of old ones. It is sometimes forgotten, however, that this permanent attitude of suspended judgment, this intellectual humility which lays claim to no final or complete explanation, does not in the least imply that science does not produce its own certitudes. The difference between dogma, whether religious or philosophical, and scientific truth is this. Dogma lays down that, whatever anyone else may say, such-and-such facts are so, that such-and-such explanations are eternally and completely true—an attitude which has the implication that further investigation is accordingly either unnecessary or impious. Science, however, on the basis of its fruitful experience, asserts with confidence that *a priori* reasoning is inadequate to arrive at truth, that truth is never complete and explanation never fully or eternally valid. On the other hand, the scientific method, within the very wide limits 'of its applicability, leads steadily to more truth, both in the quantitative sense of a greater amount of truth as well as in the qualitative one of a fuller, more accurate and more complete truth.

It also produces an ever-increasing body of tested knowledge which is permanent and irrefutable. Those who dislike or fear science often assert that, since science is always changing its mind, there can be no such thing as scientific certitude. This, however, is quite incorrect. It is the comprehensive theories which change, not the tested facts which the theories set out to order and explain. The new theories may result in the discovery of new facts ; but that need make no difference to the old ones. They may also lead to an alteration of the old facts, but this is never a rejection, only a quantitative correction or an unsuspected elaboration.

Thus nothing could have been more radical in the domain of theory than the substitution of an Einsteinian for a Newtonian universe ; but it made no practical difference to the vast body of facts established on Newtonian principles—the trajectory of projectiles, the movements of the planets or the tides, and so on. Gravity is no longer what Newton supposed it to be, but the Newtonian formulae remain adequate except in limiting and special conditions. Similarly the discovery that atoms had an exceedingly complicated organisation led to a radical change in our ideas on the structure of matter. But, although it made the continued use of the word *atom* itself etymologically unsound, it did not invalidate the fundamental scientific fact discovered by Dalton, that matter is particulate, and that the ultimate unit-particle of each of the chemical elements is what we still call an atom.

Other tested and permanent elements in the body of scientific knowledge, in addition to those I have just mentioned of terrestrial and celestial mechanics and of the particulate structure of matter, include the fact of evolution (as against special creation) ; the facts of chemical combination (as against alchemical transmutation) ; the fact of biogenesis, or continuity of substance in reproduction (as against spontaneous generation) ; the fact of the microbic causation of many diseases (as against exhalations, humours, or divine punishment) ; the facts of chromosomal or mendelian heredity (as against spermism, ovism, maternal impressions, telegony, and the rest of the welter of superstition and speculation on the subject) ; the facts of modern geology and physiography (as against catastrophism and special creationism) ; the facts of psychological repression and dissociation (whether they be interpreted on a Freudian, a Jungian, a behaviourist, or any other basis) ; the facts of plant growth and physiology (as against the magic theories of early agricultural peoples or the vitalistic theories of later centuries) ; and so on in every domain of natural knowledge.

Such facts may be modified and extended, but not overthrown. Though not dogma, they may, perhaps, properly be described as scientific doctrine. Unesco must see that its activities and ideas are not opposed to this body of established scientific doctrine, just as it must encourage the use of the scientific method wherever it is applicable. Thus it cannot and must not tolerate the blocking of research or the hampering of its application by superstition or theological prejudice. It must disregard or, if necessary, oppose unscientific or anti-scientific movements, such as anti-vivisectionism, fundamentalism, belief in miracles, crude spiritualism, etc. In order to do this effectively, widespread popular education is required in the facts of science, the significance of the scientific method, and the possibilities of scientific application for increasing human welfare.

On the other hand it must not itself become dogmatic, and deny *a priori* the possibilities of radical extensions of knowledge, though it is justified in additional caution when they appear not to square with the established body of scientific principles. In general, it should pay special attention to seeing that borderline fields, especially those neglected by orthodox or organised science, are properly explored. As one example, we may take what is now generally called parapsychology—the study of unusual and at the moment, scientifically inexplicable properties of the mind, such as extra-sensory perception of various kinds. The painstaking researches of one or two recent workers in this unpopular field seem to have established the reality of some degree not only of extra-sensory knowledge, but of pre-cognition. It is urgent that these phenomena should be thoroughly investigated so that a new and more comprehensive scientific framework of knowledge may be erected.

Or to take a somewhat different example, that of the astonishing control which, in virtue of elaborate techniques and exercises, Hindu yogis and other mystics are able to exert both over their bodily functions and their mental states. The general facts are undoubted ; but neither the physiological and psychological mechanisms involved, nor the general scientific implications are understood. It would seem desirable to have careful studies made of the phenomena by trained physiologists and psychologists, including some who would be willing to undergo the training themselves. Not everyone would be suitable for this long ordeal ; but the results ought to be of the greatest importance, not only in enlarging our scientific knowledge but in making the attainment of the spiritual satisfaction of so-called mystical experience more widely available to the men and women of all countries.

Still another and quite different type of borderline subject is that of eugenics. It has been on the borderline between the scientific and the unscientific, constantly in danger of becoming a pseudo-science based on preconceived political ideas or on assumptions of racial or class superiority and inferiority. It is, however, essential that eugenics should be brought entirely within the borders of science, for, as already indicated, in the not very remote future the problem of improving the average quality of human beings is likely to become urgent ; and this can only be accomplished by applying the findings of a truly scientific eugenics.

Natural Science is one of the fields in which two of Unesco's general principles—of thinking in global terms and of relieving the darkness of the "dark areas" of the world—are most obviously applicable. Science is already the most international activity of man, and represents in most developed because most conscious form man's new method of evolutionary advance, by means of cumulative tradition. Put in more immediate terms, the application of scientific knowledge now provides our chief means for raising the level of human welfare.

It is of the essence of scientific advance that results should be freely and fully published—in other words that scientific knowledge and ideas should be pooled. The more complete that pooling, the more rapid will be the advance. But for complete pooling, especially on the side of application, it is necessary to have science advancing in every part of the world, not merely in a few favoured countries, for the problems to be solved and the methods of application differ from region to region. In pursuance of this aim, Unesco will, among other things, make a study of the proportions of the government budget and of the national income spent by different nations on scientific research of different types and grades, and will give full publicity to the results.

Unesco, as has already been set forth, must deal with applied as well as pure science. It is worth pointing out that the applications of science at once bring us up against social problems of various sorts. Some of these are direct and obvious. Thus the application of genetics in eugenics immediately raises the question of values— what qualities should we desire to encourage in the human beings of the future ? But many are indirect. To take but one example, industrialism has not only transformed and largely destroyed the old way of life in the countries where it has taken its rise, but is also doing so in the remotest and most primitive countries, with whose life it is now coming into contact. In conjunction with *laisser-faire* and capitalist economic systems it has not only created a great deal of ugliness (much of it preventable), but has turned men away from the consideration of beauty and of art, and of their significance and value in life—partly by its insistence on money values, partly by the fascination exerted on the young mind by the products of mechanical invention. Thus Unesco, which is concerned with all the higher activities of man, must endeavour to see that science is tempered with art, that the classical tradition in education is not replaced by some new system, equally rigid and one-sided, based on natural science, and, in general, that society is imbued with a proper scale of values.

With this, we are brought into the sphere of Unesco's next section, the Social Sciences and Humanities.

HUMAN VALUES : PHILOSOPHY AND THE HUMANITIES

In philosophy, the humanities, and the arts, scientific method though necessary, is no longer sufficient. It is not sufficient, because in them value-judgments are involved as well as questions of fact and of intellectual comprehension. History is concerned with men's thoughts and principles as well as with their material surroundings. The history of art gives us, explicitly or implicitly, a history of the changes and developments of aesthetic judgments and values, and comparative religion and the history of morals do the same for moral judgments and values ; while aesthetics and ethics, as branches of philosophy, go further still, since they aim at finding criteria for correct judgments in aesthetic and ethical matters.

This necessary bridge between the realm of fact and the realm of value, between the business of practical control and the creation of what is good or right, between means and ends, can be strengthened by the use of those social sciences which utilise the scientific method, but endeavour to apply it to values, or at least to fields where values are involved. They can for one thing discuss the physical and biological correlates of values, as well as their historical origins and possible evolutionary basis. And for another, they can make a comparative and analytical study of the effects of different dominant values on society.

Unesco cannot be neutral in the face of competing values. Even if it were to refuse to make a conscious choice between them, it would find that the necessity for action involved such a choice, so that it would be driven eventually to the unconscious assumption of a system of values. And any such system which is unconsciously assumed is less likely to be true than one which is consciously sought after and studied.

The same is true of the scientist who says he does not believe in philosophy, but in point of fact unconsciously or uncritically makes certain far-reaching philosophical assumptions in approaching his work ; it is true of the man in the street who, when he says ,"I don't understand art, but I know what I like," has in point of fact set up for himself a whole scale of aesthetic values ; it is true of all those who refuse to examine their beliefs on morality, but yet, in every action they undertake or opinion they utter, are operating according to a scale of ethical values which is all the more insidious because not consciously recognised as such.

Unesco must accordingly promote the study of philosophy as an aid in the clarification of values, for the benefit of mankind in general. It must also do so in order to have its own clearly thought-out scale of values to guide it in its own operations, both positively in what it should undertake or assist, and negatively in what it should avoid or discourage.

Here it will be guided by the philosophy of evolutionary humanism which I adumbrated in my first chapter. Such a philosophy is scientific in that it constantly refers back to the facts of existence. It is the extension and reformulation of Paley's Natural

Theology and those other philosophies which endeavour to deduce the attributes of the Creator from the properties of his creation. It is an extension because it deals with the range of nature in time as well as in space, so that it endeavours to discover direction rather than static design ; and it is a radical reformulation because it does not presume to translate the facts of nature into supernatural terms, nor to jump to the conclusion that an observed direction must imply a conscious purpose behind it.

It will accordingly relate its ethical values to the discernible direction of evolution, using the fact of biological progress as their foundation, and shaping the superstructure to fit the principles of social advance. On this basis, there is nothing immutable and eternal about ethics, yet there are still ethical values which are general and lasting—namely those which promote a social organisation which will allow individuals the fullest opportunity for development and self-expression consonant with the persistence and the progress of society.

The social aspect of this dual function imposes itself because social mechanisms provide the chief basis for rapid human evolution, and it is only through improvement in social organisation that progress can be secured. And the personal aspect arises from the fact that the individual human being is the highest product of evolution, and that it must be through his further development that progress can be made manifest. Looking at ethics from this point of view, we can see that some systems of ethics have laid too little emphasis on the claims of the individual, others too little on those of society ; or again, we perceive that some have laid too much emphasis on the present, and attempted to bind a dynamic process in static ethical bonds, while others have gone to the opposite extreme and have so much disregarded the present that they have sought to relate their ethics not to this world but to the next.

Further, even if there are broad ethical principles which are general and lasting, yet their detailed formulation will and must change from age to age. The ethics of tribal life differ inevitably from those of feudalism or of industrial civilisation. Our ethical systems to-day are still largely predicated on a pre-scientific and nationally fragmented world. We have to relate them to our new knowledge and our new closeness to each other. Thus, for instance, the rise of modern bacteriology at once gave new ethical responsibilities to man, in such fields as water-supply, pasteurisation of milk, quarantine regulations, and public health in general ; while the shrinkage of the world has for the first time made a famine in China or an epidemic in India a matter of ethical concern to the peoples of Europe and America. Similarly the new techniques of mass murder carried out by Hitler's exaggerated nationalism have led at Nuremberg to the formulation of a new crime against international law—the crime of genocide. In general, we may say, it is becoming necessary to extend our personal ethical judgments and responsibilities to many collective and apparently impersonal actions —in other words to undertake a considerable socialisation of ethics.

It will be one of the major tasks of the Philosophy division of Unesco to stimulate, in conjunction with the natural and the social scientists, the quest for a restatement of morality that shall be in harmony with modern knowledge and adapted to the fresh functions imposed on ethics by the world of to-day.

Still more generally, it will have to stimulate the quest, so urgent in this time of over-rapid transition, for a world philosophy, a unified and unifying background of thought for the modern world. In my first chapter, I have discussed some aspects of such a general philosophy. Here it only remains to say that this represented only my personal views, and that in this matter Unesco must clearly proceed by means of conferences and discussions between leaders of thought from every region of the world and from every domain of thought and learning. The only assumptions that Unesco can make are that success in this task is possible, that certain ways of thinking are inadmissible—the dogmatic, for instance, or the exclusively logical, or the uncompromisingly absolutist, that scientific method can play its part, and that constant reference back is needed to scientific data and principles on the one hand, and to the subjective facts of human consciousness on the other.

In addition, the Philosophy section of Unesco will certainly have to undertake a number of special tasks which are philosophical in the narrower sense—such as a clarification of the philosophy of science and scientific method ; a new formulation of aesthetics which will take account of the arts of primitive peoples, the various modern movements in art, the relation of deep psychology to aesthetic expression, and the function and value of art in the life of the individual and in the community ; or an examination of semantics in its most general aspects.

The section of Philosophy will no longer uphold the view (which during certain periods of history could be justified) that philosophy itself should embrace the whole of human knowledge, or that philosophers can arrive at results of value by pure cerebration or in solitude. On the contrary, it will work on the assumption that in the world of to-day philosophy has, broadly speaking, a twofold function. First the function of general criticism—criticism of the assumptions of the scientist, the artist, the mathematician, the political thinker, the man in the street ; criticism of man's methods of thinking in general, including the critical faculty itself ; this does not involve the direct pursuit of new knowledge, although it may help to promote the advance of knowledge by improving the methods of knowing. And secondly the function of synthesis, of relating the findings of all other activities of the human mind, moral and aesthetic as well as intellectual, to each other and to philosophy's critique, and distilling the product in unitary form. For both these functions, philosophers must be in close contact with all other higher activities of man, both with the workers in the various branches and with their works.

The Humanities, using the word in the extended sense to cover all humanistic studies as well as the classical field envisaged in the term *Literae Humaniores*, also deal with subjects involving human values, and also largely or wholly repudiate the validity of the methods of natural science in their fields. But they are more discursive and concrete in their approach than is philosophy ; for their fields of study are history, literature, art, and culture in general. " The classics," in the sense of the classical antiquity of Greece and Rome, should rightly receive full attention, but to-day must be studied and inculcated from the comparative and historical angle, instead of in the temporal and spatial isolation that has too often been customary. The battle between the Ancients and the Moderns that began in the late seventeenth century was inevitably lost by the Ancients ; to-day, however, we can see that there need be no battle, but a reconciliation of the apparently conflicting claims of antiquity and modernity in the single evolutionary process of history.

The chief task before the Humanities to-day would seem to be to help in constructing a history of the development of the human mind, notably in its highest cultural achievements. For this task, the help of art critics and artists will be needed as well as of art historians ; of anthropologists and students of comparative religion as well as of divines and theologians ; of archaeologists as well as of classical scholars ; of poets and creative men of letters as well as of professors of literature ; as well as the whole-hearted support of the historians. Throughout, of course, the development of culture in the various regions of the Orient must receive equal attention to that paid to its Western growth. Once more, Unesco can help by being true to its many-sidedness, and by bringing men together from all these various fields to help in one or other facet of this huge work.

As I have indicated above, the increase of social organisation which is the machinery of human progress must be reconciled with, and must indeed be made to promote, the fuller development of individuality which is among our chief evolutionary aims. To provide guidance in this crucial problem of our times must be one of Unesco's objectives : to do so, we require a profound and comprehensive survey of human individuality in its relation to social structure. This survey, if it is to be of service, must be quite novel in its approach. It must be scientific as well as humanist in the old sense, and it must enlist in its service art and morals as well as intellect.

Science as we know it consists almost wholly of statistical laws, derived from the study of mass phenomena. This, however, is due to the historical fact that the physico-chemical sciences, being simpler, have developed faster than the biological and human sciences. The individual particles of physics and chemistry, be they electrons, atoms or molecules, are almost inaccessible to scientific observation, and even where accessible, their behaviour has not been made amenable to scientific analysis. In biology, on the other hand, individuals are readily accessible to observation. Furthermore, the degree of individuation tends to increase during evolution, until among higher animals, notably higher mammals, we are forced to recognise something of the same nature as human individuality. This process did not stop with man : on the contrary, the tendency has been for human individuals to become more differentiated and for human indivuality to reach greater heights of development, from the mere tribal unit of various primitive cultures, and the robot masse masses and class-types of ancient Mesopotamia and Egypt, up through the first deliberate encouragement of personal individuality in classical Greece, the Christian emphasis on the spiritual worth of the individual soul, the medieval discovery of the enhancement of the personality through romantic love, and the exaggerated individualism of the Renaissance, to modern times, where the conflict between the development of individuality and the function of the individual as a cog in the social machine has posed itself in new and acute ways.

For such a survey we need to enlist the services of the biologist, the historian, the artist, the anthropologist and the sociologist. In human biology, a beginning has been made with the problem of seeing whether a truly scientific description can be given of individuals as distinctive psycho-physical units. This involves the development of a new methodology, since science is normally concerned with the mass and not with the individuals within it, with regularities and not with particular differences. Unesco should encourage this attempt, notably by organising small conferences of workers in this new field.

Art can be of help in two ways. First, because every work of art is an individual unity, so that the problem of the description and analysis of individuality can be pursued here too, and along lines differing from the biological. And secondly, because the art, notably the visual art, of a people or a period, gives us information as to its attitude to the individual and the degree of individuation achieved by its members. This information will sometimes overlap that provided by the studies of the historian or the analysis of the anthropologist, but can often be obtained from no other source And, as just indicated, the historian and the anthropologist can make their contribution—but only if their attention is directed to the importance of the problem.

Approaching the subject from the other or social end, the social historian and the sociologist can study the evolution of social organisation, with reference not merely to its political or economic efficiency, but also to its effects in damping or encouraging human differentiation and individuality.

In the course of a few years, we might expect a really valuable contribution to this subject, vitally important although as yet scarcely explored, of the development of human individuality and its relation to evolutionary progress.

THE SOCIAL SCIENCES

The social sciences are almost coterminous with the study of man. At any rate, since social life based upon self-reproducing tradition is the distinguishing feature of man, they can claim to be dealing with the essential features of the human sector of the evolutionary process.

Though we do not, with Pope, restrict "the proper study of mankind" to man, we must certainly agree with him that, unless that study is made, man will remain a prey to confusion, in contradiction with himself :—

"In doubt to deem himself a God, or beast ;
. . . Great lord of all things, yet a prey to all ;
Sole judge of truth, in endless error hurled ;
The glory, jest and riddle of the world."

In many studies concerned with this vast and complex field (vast and complex although dealing with one species only), the wide co-operation we have just suggested will be of value. Thus the nature and social function of religion cannot be fully understood (still less the desirable directions for its future development be suggested) without calling in the aid of religious music, painting and sculpture, without enlisting the anthropologist to show us the extent of the advance which religion has made since its crude and sometimes repulsive or horrifying beginnings, without the historian to warn us of the false paths which organised religion may enter, the evil causes to which it may commit its adherents—*Tantum religio potuit suadere malorum*—, without the psychologist to help us understand the unique qualities of our moral sense, without the study of the mystic, the saint, the fakir and the ascetic, to demonstrate both the heights to which the religious impulse may bring men and the aberrations to which it may subject them.

In general, we need a new approach, at the same time social and evolutionary, to many basic problems of existence, an approach in which aesthetic and moral values are considered as well as objective facts within scientific analysis. Thus one can envisage a study of the evolution of man's emotional appreciation. This would bring out historical facts, such as the Christian introduction of the idea of general altruism as opposed to tribal solidarity, the emergence of the ideal of romantic love between the sexes in medieval times, and still more recently that of the love of nature and of landscape beauty. It would relate these to the general process of enlarging the emotional capacity of mankind and increasing the possibilities of emotional satisfaction ; and it would also draw certain practical conclusions, concerning the means for providing such satisfaction in a modern society—through drama and painting, through national parks and nature preservation, through the beauty of fine architecture and good planning, through world community.

Similarly, surveys of the evolution of moral codes and ethical values, or of the social functions of art, would be important contributions to the thought and we hope the practice of the coming generation.

However, if Unesco is to have a real social policy, it must not confine itself to such general studies, but must also face up to particular problems which press on the modern world. Simply as illustrative examples, I will mention population, the conservation of wild life, and semantics. The recognition of the idea of an optimum population-size (of course relative to technological and social conditions) is an indispensable first step towards that planned control of populations which is necessary if man's blind reproductive urges are not to wreck his ideals and his plans for material and spiritual betterment. The recognition of the fact that the wild life of the world is irreplaceable, but that it is being rapidly destroyed, is necessary if we are to realise in time that areas must be set aside where, in the ultimate interests of mankind as a whole, the spread of man must take second place to the conservation of other species. And the study of language, notably of semantics as its scientific basis, is a necessary step towards improving language as a tool of description and communication, and safeguarding ourselves against promoting misunderstanding instead of understanding.

There is, however, a general point which I should like to make, namely the importance of psychology to every branch of social science (as well, of course, as to education). Admittedly both deep analytic psychology and social psychology are in their infancy. But the one is revealing in the Unconscious a new world just as unexpected and important as that new world of the invisible revealed by the miscroscopists of the seventeenth century ; while the other is indispensable as a basis for any truly scientific sociology as well as for the successful application of the findings of social science.

One of the most important things which Unesco can do in the field of the social sciences is to see that they pay attention to their own methodology. In them, as already set forth, scientific method is no longer sufficient, since values are involved as well as ethically or aesthetically neutral facts, and special methods must accordingly be devised for taking values into account. In addition, however, the strictly scientific methods which can be employed in social science cannot be identical with those used in natural science, especially in the physical sciences. For one thing, controlled experiment is rarely, if ever, possible ; and for another, the number of variables involved in a problem is almost always very large. This is not to say that the worker in the natural sciences does not run up against large numbers of variables ; but for the purpose of obtaining new knowledge he can restrict his problem in such a way that the number is reduced. He can do so either by isolating the problem in thought, as for example, when the physiologist intent on understanding how the digestive system of a monkey performs its functions, deliberately excludes any thought of the monkey's evolutionary past or of its present biological relations with other organisms. Or he can often do so by the further method of experiment, in which he controls all the variables save the one whose effects he wishes to study

Put in another way, the social scientist is always confronted with multiple causation, and must work out methods for coping with this fact. The methods of correlation and other statistical methods which have been developed to deal with certain non-experimental branches of biology, are proving of great importance to the social sciences, and the same will doubtless be true of the techniques of "operational research" worked out during the late war.

Concretely, the method of multiple team-work will often prove of value in meeting the difficulties presented by the multiple causation due to an excess of variables. Thus the housing of the population, if regarded as a problem of applied social science and not merely as a task to be got through by traditional, empirical, or makeshift methods, can only be undertaken on the basis of a piece of co-operative survey and research in which physicists, engineers, psychologists and sociologists all take part, and scientific attention is paid to the inter-relations of problems in such diverse fields as heating, sound-conduction, illumination ; strength and insulating properties of materials ; comfort, health, motion-study and general convenience ; aesthetic satisfaction ; types of family group to be catered for, and other demographic problems ; etc., etc.

There is also the comparative method, long a chief standby of the observational sciences, and the begetter of such remarkable scientific achievements as Comparative Anatomy and Comparative Embryology. In point of fact, the comparative method is only fully justified when applied to evolutionary data, where genetic relationship is involved. It has, of course, been fruitfully employed in such social studies as comparative philology, ethnology, and cultural anthropology in general. But its full usefulness in the social sciences will only be achieved when a thorough study has been made of the difference between evolutionary relationship in biology and in sociology. In biology, evolutionary relationships, with few important exceptions, are dependent on genetic descent from a common ancestor, and so can theoretically be represented in the form of a branching tree. In man's social history, on the other hand, the existence of communicable tradition as a new type of heredity, operating by methods quite different from those of biological heredity, has meant a quite different form of evolutionary relationship. The pattern of the tree gives place to that of the network, in which convergence as well as divergence occurs, and branches may unite and fuse as well as diverge and separate. In addition, it is much less easy than in zoology to distinguish true genetic relationship from independent convergence—a fact well illustrated by the dispute that still rages between the diffusionists on the one hand and on the other their opponents who believe in parallel and independent evolution of cultural patterns and achievements. Thus here, too, methodological research is urgent—in the shape of a thorough analysis of the bases of the comparative method as applied to human culture, and the extent and validity of the conclusions to be drawn from it in each field.

A more restricted problem in which biological analogy is important is that of social organisation in general and the machinery of government in particular. As I have already pointed out, social organisation is the mechanism on which man must rely to effect evolutionary progress. And government is the central part of this mechanism. As the problems of government grow more complex, so must the machinery for dealing with them. In general, the problems are similar to those which beset a higher animal, and are met by means of its central nervous system. A higher vertebrate must co-ordinate the activities of its various different organs, and adjust the claims of its different innate impulses. It needs mechanisms for providing information about its environment, especially about changes in it ; for correlating different kinds of information ; for storing experience and profiting by it ; and for appropriate action. *Mutatis mutandis*, these are the problems of a modern society—but, of course, with the basic difference that the individual human being has claims quite other than those of the single cells or organs of the animal body.

Furthermore, as we trace the evolution of higher from lower vertebrates we find the organisation of the brain growing more complex, and doing so in a particular way. Putting the matter in somewhat over-simplified terms, we may say that a series of conducting centres is introduced, one above the other in a hierarchy, each conducting the messages from the centres on the next lower level. Finally, in man, the highest element in the hierarchy, namely the association centres of the cortex, bring impulses and messages of all kinds into relation in a way much more full and flexible than is done in any of the lower centres, or any of the lower animals. It would be of the greatest interest to bring together some of the world's leading comparative neurologists with a group of experts in administration, to see how far the study of what we may call "the machinery of government" in the animal body can help us in solving the same problem on the social plane.

Here I must leave this vast and as yet scarcely charted field of human knowledge, but not before proclaiming my firm belief that the application of scientific method in appropriate forms to human affairs will yield results every whit as important and almost as revolutionary as those achieved by the natural sciences in the rest of the universe.

THE CREATIVE ARTS

The arts differ from the sciences in one fundamental respect. In the sciences, quantitative amount is important as well as high level of performance ; and individual discoveries and achievements, however distinctive and in a sense beautiful they may be, can be and are pooled with others in a common store of knowledge, so that a single onward movement is possible. There can and should be a single indivisible body of knowledge, a single unified effort of research.

47

But in the arts, matters are quite different. Here we are within the realm of values. The individual work of art is pre-eminent, and no amount of quantity can offset low quality. And since each work of art, be it poem or play, painting or sculpture, symphony or ballet, is by its nature an individual creation, it can never simply be pooled with others ; and accordingly variety and multiplicity must always be encouraged. Thus what Unesco must here aim at is not the promotion of a single movement, but the orchestration of diversity. The only unity which can be contemplated is a world unity comprising regional and local diversities, in the same sort of way that diverse elements are fused into the single expressive unity of a symphony or a drama—in L. K. Frank's words, the orchestration of diversity.

The field of the arts includes music ; painting ; sculpture and the other visual arts ; ballet and dance ; creative writing, from poetry and drama to the novel and the critical essay ; architecture and the film, in so far as arts ; and all the applications of art, from interior decoration to industrial design.

In treating of this important group of human activities (which has never previously been adequately dealt with by any intergovernmental organisation), Unesco will insist on keeping their creative aspect sharply distinct from their aspect as objects of learned study. It seems for some reason much simpler for an organisation to concern itself with the history of art than with the encouragement of contemporary painting, with the study of classical authors than with helping living writers, so that Unesco must be careful that creative side of the arts shall not elude it. This is not to say that the conservation of books and pictures in libraries and museums, or their study in histories of literature and art, or the analysis of art in a philosophy of aesthetics, are not important for Unesco. They are ; but they must be dealt with in other divisions from that concerned with living art.

Creative art, as a subject in its own right, presents problems of crucial importance for Unesco's programme. Art includes all those activities of man which share certain characteristics. In the first place they serve to express complex situations. experiences or ideas, with their bases and overtones of emotion and feeling ; secondly they express them in communicable form, even if not everyone is capable, or capable without some preparation, of receiving the due impression from them ; and thirdly they express them by means of particular and individual works of art, each of which has its own distinctive organisation, unifying its parts into an organic whole.

Art by no means necessarily deals only with beauty. The predominant emotion or sentiment expressed by Grünewald's crucifixion is anguish, by Picasso's *Guernica* is horror ; by Beethoven's *Verlorene Groschen*, humour ; by Swift's *Gulliver's Travels*, satirical contempt.

Nor is art concerned only with representation. That is selfevident for music, but is equally true of the visual arts. The painter may choose to represent ; but he may also choose to select, to distort, to symbolise, to transmit emotions, to express ideas, to paint his imaginings instead of reproducing what he sees. And the same applies, *mutatis mutandis*, to literature, whether poetry or drama, essay or novel.

All that is necessary is that the whole, whether a painting or a poem or a piece of music, should produce its impact as a work of art. To do this it must have aesthetic form, and must arouse the aesthetic emotion, in addition to any other emotions which its creator wishes to express and transmit. Volumes have been written on the nature of the aesthetic question, and I do not propose to attempt any definition here. I will only say that the successful work of art always produces an emotional impact ; further, this impact has something almost physiological about it, certainly something irrational and intuitive in its nature. In addition to this basic, unconsciously-acting component, the true work of art always also provides a certain distillation of conscious experience. This may be only implicit, as in a folk-tune or a cave-man's painting, or extremely explicit, as in Bach's *Mass in B minor* or in Goethe's *Faust*. In any case it is always a fusion of many elements into a single artistic whole.

Then the true work of art must be alive, capable of survival through the effect it makes upon the minds of other men. That is why we speak of the creative arts, and give the artist the proud title of creator. And this inherent life springs from the fact that the true artist in a sense unites himself with his objective. This union of subject and object in an act of pure emotion—love, wonder, admiration, exaltation—occurs in every aesthetic experience, whether of nature or art. But in the artist it is far more powerful, since in the realisation of his idea through the physical creation of his work, he has to bring into action his whole being, in its full depth and height, with all its strength and all its sensitivity, if the result is to be a good work of art. His task is, in Coleridge's words :

" From outward form to win
The passion and the fire whose fountains are within."

As Sir William Rothenstein wrote in his memoirs : " It is this inner life, be it lyrical or dramatic, which outlasts that of its creator, and distinguishes a fine work of art from a merely skilful one. . . . If the quick soul be not within, it is merely a doll to be thrown aside. . . (Artistic) creation is (accompanied by) intuitive self-surrender. . . The artist . . . loses himself in active union with the object of his desire."

I have spent some time on this general discussion, because without some understanding of the nature of art we cannot begin to appreciate its importance in human life, or to make up our minds how an organisation like Unesco should deal with it.

Art has important social functions. It can serve to express, as no other medium can do, the spirit of a society, its ideas and purposes, its traditions and its hopes. It can serve as the focus for national pride, and so provide a justifiable and beneficent outlet for nationalism, in place of the usual glorification of size or wealth, of political or military power ; in a friendly rivalry in the things of the spirit, instead of in hostile competition for material aggrandisement. It can bring enjoyment and fulfilment to a people, in ways of which no other activity is capable—through good architecture and fine sculpture in public places, through music, through the varied and deeper visions of reality expressed by artists in their painting, through the writer's creative expression, through landscape planning, through the satisfying design of objects of everyday use. And its practice can liberate and develop the personality, whether the growing personality of a child, or the incomplete personality of an adult, and help to heal many of the distortions of neurosis.

I have said that art can perform such functions in society. Unfortunately, all too often it does not do so. The great mass of the people in modern industrial nations, middle and working classes alike, live in surroundings deprived of any beauty, and with no understanding of what the arts could do for their lives. Indeed, there is a general disinclination to think of the question. Too many people are afraid of using the word beauty, afraid often of beauty itself. They resent the demands which art makes upon them, preferring to be merely entertained. To take but one example, for the great majority of English-speaking people, the word " pictures " now means the films, and the escape from reality which it is the aim of most films to provide ; while the real pictures, the paintings which can give a deeper and more extended insight into reality, remain largely unvisited in museums and galleries.

It is quite true that to enjoy a great work of art demands effort, in the shape both of previous discipline and present mental and spiritual activity. To expect to be moved and enriched by Hamlet, or one of Beethoven's posthumous quartets, or Giotto's frescoes in the Arena Chapel at Padua, without some preparatory effort, is like expecting a man with flabby untrained muscles to enjoy and to derive immediate benefit from a twenty-five mile walk in the mountains.

The analogy with physical training is indeed close. A large section of the population realises that some discipline of the body is good for them, and paves the way to a greater enjoyment of many things in life. One of the aims of Unesco should be to create a corresponding realisation that some discipline of the mind and spirit is good for people and paves the way to many fuller enjoyments, and that understanding and appreciation of art in one or other of its forms is one of the methods of training in this interior life, and at the same time, one of the most satisfying enjoyments.

On the other hand there is an intuitive appreciation of beauty which can enjoy the simpler manifestations of art without special preparatory discipline. It arises naturally in the uncorrupted mind ; but in this respect (as in many others) the mind is easily corrupted, and can fall into bad taste, blunted or distorted sensibility, vulgarity or indifference. It is therefore of great importance that beauty and art should be physically provided in people's material environment, and that the love of and desire for them should be encouraged by their social and mental environment.

To this latter, educational, task I shall return. The physical provision of beauty and art must, in the world of to-day, be largely an affair of government, whether central or local. For this, it is necessary that the men and women in charge of public affairs shall be aware of the value of art to the community. This value lies not merely in providing what is often thought of as self-centred or high-brow enjoyment, but in providing outlets for powerful human impulses, and so avoiding frustrations which are not only a cause of unhappiness, but may contribute to unrest, waste and disorder.

The physical provision of aesthetic satisfaction must include at least fine architecture, town planning, landscape beauty, and good design of everyday objects. In this respect the " have-nots " or " backward areas " are not so much the economically and indus-trially backward countries of the world, as the urban inhabitants of most industrial nations. There are cities in Britain, in the United States, in Western Europe, in which the inhabitants live a life deprived alike of natural beauty and of art. Unplanned, dirty, with architecture either mean or florid and bad ; with the local country-side spoilt, and few and poor parks ; with little save shoddy or vulgar design visible in furniture, wallpaper, textiles, crockery, glass-ware, ornaments and all the furnishings of a home ; with not a single piece of good painting or sculpture in the place or at best a few tucked away in a little-visited gallery ; with bleak and ugly sur-roundings in the schools ; the physical environment provided by such cities is a denial of one entire aspect of human life.

One remedy for this state of affairs must be sought in education. Unesco intends to make a basic study of the role of art in general education, and of the methods involved. The scattered experiments which have been made in this field show that art in general education has two main functions. First, to give the developing human being not merely some intellectual understanding of art, but that real understanding whch is at the same time love, and desire for further satisfaction through art. And secondly, to secure the development of a fuller and more solid personality in the child. The existence of this second function has been fully realised only in the last few decades. In the past, the intellectual, informational, and moral aspects of education have been allowed too exclusive a domination. It was not understood that the aesthetic creative urge is fundamental and needs to be satisfied if the personality is not to be incomplete or frustrated ; expression through art can spell liberation, or resolution of conflict, or self-confidence in advancing into the strange unknown world that surrounds the child.

To achieve both these functions, correct methods are necessary. Wrong methods (like those too often adopted in teaching children " literature ") may kill all interest in the subject, and accentuate frustration instead of reducing it.

Art also has a social function, in relation to the community as a whole, as well as functions only or mainly related to the individual. It would be more correct to say that it *can* have a social function, for too often (as in the type of industrial town spoken of above), that function is non-existent. Art is capable of expressing the life of a city, a nation, or an epoch. The architecture and the drama of ancient Athens were not only an expression of its life, but an essential part of it. In mediaeval Italy, painting was one of the great expressions of religious feeling, later of civic and personal pride. Nineteenth-century Germany found in Wagner an expression of its traditions and its hopes.

In the world of to-day, in which nationalism is in dangerous conflict with itself and with internationalism, art provides the most important of those outlets for national feeling which can be regarded as permanently legitimate and indeed desirable. Just because each nation is a section of humanity with its own distinctive environment, its own traditions and ways of thinking and of expression, often with its own language, it will have its own characteristic literature and art. What could be more striking than the differences between the literature and art of England, France and Germany—three contiguous nations within a narrow geographical region ?

Every nation will, of course, have achievements to its credit in science and philosophy and learning ; but, as previously indicated, these are bound to be to a greater degree part of a super-national movement, less distinctive as expressions of national life. Nor do I forget the constant culture-contacts, the influences which sweep across frontiers to affect the arts : but it is of the nature of art that such influences are absorbed, as it were, and become incorporated in a living movement, a local expression.

It is right and proper that every nation should be fully conscious and duly proud of its own artistic achievement ; the more the national rivalry can be transferred from the plane of hostile physical competition to proud competition in art and other cultural achievements, the better.

This fact has two implications involving Unesco. One concerns the arts of so-called primitive peoples and of non-industrialised countries in general. These are often of extraordinary beauty or force, and show us new modes in which the spirit of man can express itself and its reactions to life. We need only think of the art of the negro peoples of West Africa, the primitive but striking art of the Melanesians of the Pacific, or the more sophisticated art of Bali. In some cases, as with Negro sculpture, such work has exerted a marked effect on modern Western art.

But these arts and their accompanying crafts are in danger of disappearing entirely or of being debased or distorted by contact with industrial civilisation. The main reason for the decay of indigenous arts is that they were intimately bound up with the religious and social ideas and structure of the community and that these are being undermined or wholly destroyed by the impact of Western civilisation, with its commercialism and individualism. A second reason is the flooding of the local markets with cheap mass-produced goods of poor design and in bad taste. This not only helps to destroy the market for local products, but debases indigenous taste. A third reason is the influence, when present, of an unregulated tourist trade in "curios". When, as usually happens, this demands cheap and spurious designs, it debases the standard of local artists and the quality of their work, even though it may result in increased employment for them.

A number of attempts have been made, with varying success, to remedy this state of affairs. In some cases, native artists and craftsmen have been employed to turn out exact replicas of the traditional work previously produced, while arrangements have been made for the marketing of the results to tourists. While this may employ a number of artists, and is certainly better than allowing their arts and crafts to die or to be debased and distorted, it tends to produce fossilisation and a cleavage between art and life. The arts will tend to become traditional and sterilised, without any vital reference to the needs of the society ; while the life of the community is bound to change under the impact of external influences and will demand its own aesthetic satisfaction and expansion.

One of the most successful experiments has been that of the bureau of Indian Arts and Crafts Office, U.S. Department of the Interior, with regard to the arts and crafts of the Indians of the south-western U.S.A. As a result of this, not only have high aesthetic standards been preserved and monetary returns from sales been increased, but originality and change have been allowed for and encouraged, with excellent social results.

In any case, let us remember that an extinct art can no more be revived than can a species of animal, once exterminated, be re-created. And the preservation of the remains, whether of the art or of the animal, though better than nothing, is a very poor substitute for the preservation of their active life.

Like all results of culture-contact between cultures at very different social or technical levels, this problem is a difficult one. But it appears to be capable of solution. In regard to it, Unesco should attempt two things. It should help to secure understanding, both by the world at large and the people of the regions concerned, of the value and interest—which is always a unique value and interest—of the art of non-industralised peoples the world over. And it should undertake a survey of the various methods so far employed to prevent the extinction or debasement of such arts, with a view to making recommendations for action.

The second implication involves the industrially advanced countries. For, paradoxically enough, it is precisely in these that the possibilities of art as a means of community expression are often least realised. There are exceptions such as France, but both in Britain and the U.S.A., for example, it is fair to say that the creative artist, even if he has not retreated into an ivory tower, too often caters only for a highbrow or an intellectually escapist minority or for a group so unrepresentative of the community as to deserve the name of clique. This is not to imply that the creative artist is ever likely to reflect the ideas of the majority. He may, however, truly express something essential in the life of the community, regarded as a social organism, and will often be the spearhead of its perception, the pioneer of new modes of vision and expression. Furthermore, in some epochs—as in ancient Athens, or the Renaissance—the artist may fulfil this social function of expression with better art than in Victorian England, for instance, or may represent the community more fully than in the troubled period since 1918. When art is thus unrepresentative or is neglected by the dominant class or the authorities, the state of affairs is bad for the community, which lacks the outlet and sounding-board which it ought to have in art, and turns to escapism or mere entertainment, to the sterile pursuit of the fossil past in place of the living present, or to bad art—cheap, vulgar, inadequate—instead of good. It is bad also for art, which tends to grow in upon itself, to become esoteric, incomprehensible except to the self-chosen clique, devoted to the sterile pursuit of art for art's sake instead of for life's sake, and so rootless that it ceases to have any social function worth mentioning. And, *a fortiori*, it is bad for the artist.

To remedy this state of affairs, we need to survey the whole problem of the patronage of the arts, most of which is inevitably, if in some ways regrettably, destined to swing over into public patronage by the State or the local community, and out of the hands of the private patron. Public, like private patronage, has its dangers for the artist and for his art : we must try to guard against them. We must also study the problem of the young artist —first how he is to keep himself alive before recognition comes, and secondly how he is to be made to feel not only a vital part of his community, but in some degree its mouthpiece. And of course this must go hand in hand with the education of the general public and of the authorities, local and central, to understand the value and significance of art in the life of a society.

We have already pointed out some of the social functions of art. Another exists in the field of public relations. Every country has now woken up to the need, in our complex modern world, of public relations, 'which is but a new name for propaganda, that term which unhappily has grown tarnished through misuse. In a world which must be planned, governments must often assume initiative and leadership ; and for this leadership to be effective, the general public must be informed of the problem and of what is in the government's mind. This is the essential function of "public relations" in the modern State. But it is only a few pioneers, like Tallents and Grierson, who have begun to grasp how public relations should be conducted. Art is necessary as part of the technique, since for most people art alone can effectively express the intangibles, and add the driving force of emotion to the cold facts of information. "It is the artist alone in whose hands truth becomes impressive." Perhaps especially it is the art of drama which is most essential in bringing life to the issues of everyday life—but that art can, of course, operate elsewhere than on the stage—most notably on the films. Whatever the details, it remains true that one of the social functions of art is to make men feel their destiny, and to obtain a full comprehension, emotional as well as intellectual, of their tasks in life and their role in the community. Rightfully used, it is one of the essential agencies for mobilising society for action.

Each of the creative arts has its own special role to play in life. Music makes the most direct approach to the emotions, without the intervention of any barrier of language other than its own. The visual arts, besides revealing in tangible form the intenser vision or the private imaginings of the artist, have a special role to fill in relation to architecture ; and fine architecture has its own role—of giving concrete expression to the pride and the functions of the community, whether city or class or nation (or, let us add, the international community), and of adding much-needed beauty to everyday life, especially in great urban agglomerations. Opera and ballet, each in its special way, symbolises and expresses emotional realities and, as Aristotle said of the drama, "purges the soul" of the spectator. Ballet, through its nature, is capable of exerting a strikingly direct and almost physiological effect on the mind.

Prose writing finds itself at the other end of the scale from music, in that it must operate through language, and is the medium or vehicle most apt for expressing ideas and for making approach to the intellect ; while poetry (like painting) can transmute the brute facts of experience into new forms and new expressions which are none the less real and true for being imbued with a quality of magic. The drama has the capacity of giving immediacy and concreteness to human conflicts, whether of character or destiny or idea. So too does the film, but with certain advantages in its ability to transcend time and space in all sorts of ways (as well as with certain disadvantages owing to its costliness). The documentary film in particular has the capacity of converting mere information or instruction into art, and thereby giving life and emotional urgency to the commonest or the apparently most impersonal activities.

This is not the place to discuss the different treatments which are dictated by these differences in the nature of the various arts. I will conclude by recalling that Unesco is the first international agency expressly charged with concern for the arts ; and by reiterating the fact that the rise of science and technology have led the modern world to lay undue emphasis on the intellect as against the emotions and on material as against spiritual satisfactions, with the result that the arts to-day are neglected or distorted. It will be for Unesco to help see that in the world of tomorrow art takes its place on terms of equality with science, and plays an equally important role in human affairs.

LIBRARIES, MUSEUMS AND OTHER CULTURAL INSTITUTIONS

There are a number of institutions and organisations which are devoted to the twin functions of preserving the world's scientific and cultural heritage and of making it available when preserved. According to the particular field involved, and to the relative emphasis on preservation or on availability, these may take various forms—libraries, reading rooms, art galleries, art centres, museums of all kinds, zoos, botanical gardens, nature reserves, national and historical monuments, even national parks under one aspect. However, the term *Libraries and Museums* will cover most of them, if education and public availability are stressed so as to cover reading rooms and the like, and if living and outdoor museums are included.

Since such institutions are brought into existence to perform a particular kind of function in relation to culture and science, it follows that in relation to them an organisation like Unesco will largely be concerned with techniques and their improvement. As libraries grow, and as they become internationally more linked up, the need for a highly developed and uniform standard system of classification and cataloguing becomes urgent. Unesco must facilitate the search for such a system, and its international adoption.

As the weight of published knowledge and learning becomes so immense as to threaten to stifle its own growth, the need is acutely felt for new methods of making that knowledge available to the right people in the speediest way. Unesco must explore new systems of publishing the results of scientific research ; must strive to extend and improve the arrangements for abstracting scientific papers as they appear, and for the periodic reviewing of advances in every field ; must foster all methods which, like microfilm, make for easy storage, multiple reproduction, and rapid transmission of knowledge.

Again, as the works of art and the scientific specimens accumulate in the world's museums, the old methods of exhibition and of possessive storage no longer suffice. Unesco must explore all methods for sharing these treasures more widely, whether by redistribution, by rotating between store-rooms and exhibition galleries, by loan or travelling exhibitions, or by improved methods of reproduction ; and must equally explore all methods of making them more fully available to the public, by improved techniques of exhibition and popularisation (alas, sadly absent in too many places), by new methods of adult education for visitors, and by linking museums and galleries intimately with the school system. Equally it must explore all the new means of projecting museums and their collections outside their walls—notably by films and television, as well as by abundant and improved reproduction.

Unesco must seek to extend the notion of library from its original restricted sense of a collection of books and manuscripts to include collections of films, sound records, illustrations and reproductions. There is already in existence a trend away from the old conception of a library as just a place to house books and other materials to

56

the new conception of a library as part of a public service. Unesco must seek to promote this trend, must help in exploring ways by which librarians can anticipate the demands of the most varied groups, must help the movement towards popular and travelling libraries, and in general must help in discovering the right ways of making people use the library service in their everyday lives.

Unesco must seek to find new fields in which the technique of the museum can be useful. The Scandinavians have successfully developed the Folk Museum. But there are many other specialised types of museum possible—the local museum, the museum of history, of prehistory, of health, of education, of agriculture, of natural resources ; a beginning has been made with some of these, but the principle needs developing in a comprehensive way, and with the latest techniques.

Zoological and botanical gardens can properly be regarded as living museums ; but if they are to exercise their museum functions properly, their techniques of exhibition and education must in many cases be radically reformed. However, the concept of the living museum is in reality still more general. It is in part a reaction against the idea which originally gave birth to our modern museums —the idea of a museum as merely a place to house a collection, whether of curiosities or real rarities or just the objects of this or that manifestation of the collecting urge. In part also it is a reaction against the all-too-natural impulse of the museum curator to pay more attention to the past than to the present, to the demonstration of existing objects rather than to the creation of new ones, to the care of dead specimens rather than to the presentation of living creatures or of nature in action.

In the field of the arts, Unesco should encourage the movement by which exhibitions of the work of contemporary artists are given in museums or art galleries ; in the field of science it should in general encourage more showing of films, working models, actual applications ; in the field of natural history it should promote the establishment of museums attached to nature reserves and national parks, in which the biology and geology are illustrated, and illustrated as far as possible by means of living animals and plants, and by rock exposures *in situ*. Finally museums and art galleries and libraries can "come alive" in yet another way—by providing facilities within the fields of their competence for ordinary people to do and achieve something—to use the library as a source of ammunition for debates or discussion groups ; to encourage the work of the amateur naturalist, whether in the study or in the field ; to establish workshops and studios where citizens can enjoy creative work in painting or one of the handicrafts. In general Unesco should study ways and means of setting up "art centres" or "cultural centres" of this sort, whether attached to a library, a museum, a school or any other public institution.

We conclude by amplifying the point from which we started—that libraries and museums and kindred establishments have the double function of conserving and making available the world's heritage, both cultural and scientific, both human and natural. These two functions are sometimes referred to rather baldly as storage and preservation on the one hand, public exhibition and use on the other. But they are really more than this. The first includes not only dead preservation, but also the active conservation of nature with its living beauty and interest, and of creative human activity. And the second must be extended so as to cover a great deal of the general educational servicing of the public in the fields of science and culture.

MASS MEDIA

In the first Article of its Constitution, Unesco is expressly instructed to pursue its aims and objects by means of the media of mass communication—the somewhat cumbrous title (commonly abbreviated to "Mass Media") proposed for agencies, such as the radio, the cinema and the popular press, which are capable of the mass dissemination of word or image.

Here Unesco finds itself confronted with something new in human history. It is true that printing with movable type has a respectable antiquity, but the press in the modern sense of the word is a thing of yesterday, or at most of the day before yesterday, depending as it does on the mass production of cheap paper from wood pulp, the technical invention of the rotary printing press and other methods of printing at speed, the further inventions which are at the basis of telecommunication of all sorts—"cable and wireless", together with air transport of mats and the like—and the building up of huge and powerful organisations for the collection and transmission of news. The film and the radio are even more recent, and even more revolutionary in their results.

What are the main effects of these innovations, of which Unesco must take account ? First, the possibility of a much wider dissemination of information of every sort, both within and across national boundaries. This means that public opinion can be built up more rapidly and can be better informed than ever before. There is, however, another side to this picture. National public opinion can also be built up by means of propaganda, on the basis of false, distorted or incomplete information, and though the mass media, as I have said, provide the possibility of spreading information across national boundaries, this possibility is often not realised, and indeed often deliberately fought against, by means of censorship, official control of press and radio, and the creation of psychological barriers in the minds of the people.

Thus, although it is true that the mass media provide the first agencies in history through which peoples may speak to peoples, instead of communication between countries being limited to small minorities, yet it is also true that what they say to each other through these agencies may be false, and what they hear may be limited by man-made barriers or its effect distorted by previous propaganda.

Accordingly, as one of its earliest aims in this field, Unesco must seek to discover what are the various barriers to free, easy, and undistorted dissemination of news and knowledge between nations, and to see that they are lowered or if possible removed. This, however, is an essentially negative task. Unesco must also avail itself of the force and inspiration which derives from a positive aim. And this, as Grierson says[1] must depend on the indivisibility of interests of the people who populate the world. "Wandering about the world, one finds that while countries differ in their expression and in their local idioms, they are in one respect identical. We are all divided into groups of specialised interests and we are all, at bottom, interested in the same things. There are the same essential groups everywhere. Here is a group interested in town planning, or in agriculture, or in safety in mines, or in stamp collecting. Whatever the different language they speak, they speak the common language of town plannings, agriculture, safety in mines, and stamp collecting." Interests are indivisible and therefore transnational—and so, we may add, are human needs, from simple needs such as food and shelter to more elaborate (but perhaps no less basic) needs like those for intellectual development or emotional and spiritual satisfactions.

Above and beyond all other interests and needs at the moment is the need for peace and the interest of large groups in every country in achieving peace. Merely by preaching peace we shall not achieve much. We can achieve much by indirect methods—by demonstrating the fact that interests and needs transcend national boundaries, and by building a world in which international co-operation is actually operative, and operates to promote better health, and full employment, and the provision of adequate food for all, and safety and ease of travel, and the spread of knowledge. Finally, however, we can achieve a good deal more if we can give people the world over some simple philosophy of existence of a positive nature which will spur them to act in place of the apathy, pessimism or cynicism which is so prevalent to-day, and to act in common instead of in separate groups.

I am sure this can be done if we try hard enough. We need to paint in the scientific background, showing the reality of human progress in the past and its further possibility in the future, reminding men that setbacks like the war and its aftermath are only temporary, and are but some of many in the past which yet have not stood in the way of the secular upward trend. Reminding men also that by all valid criteria humanity is not old but young, and has for all practical purposes unlimited time before it. Demonstrating by concrete examples that scientific discovery has at last made it possible to satisfy the basic needs of all humanity, thus establishing a foundation on which we can proceed to build a superstructure nearer to the heart's desire. Reminding people that one of the basic needs of men is the need for giving, for devotion to something other than self, for service and love of others, so that concentration

[1] "Grierson on Documentary," ed. F. Hardy, London, 1946, pp. 165, 231.

on satisfaction of selfish needs will spell incompleteness and frustration ; showing also, and again by tangible examples, that progress is not automatic or inevitable, but depends on human choice and will and effort. Taking the techniques of persuasion and information and true propaganda that we have learnt to apply nationally in war, and deliberately bending them to the international tasks of peace, if necessary utilising them, as Lenin envisaged, to "overcome the resistance of millions" to desirable change. Using drama to reveal reality and art as the method by which, in Sir Stephen Tallent's words, "truth becomes impressive and a living principle of action," and aiming to produce that concerted effort which, to quote Grierson once more, needs a background of faith and a sense of destiny. This must be a mass philosophy, a mass creed, and it can never be achieved without the use of the media of mass communication. Unesco, in the press of its detailed work, must never forget this enormous fact.

The other main task of Unesco in this field will concern the use of the mass media to foster education, science and culture as such. Regarded from this angle, the mass media fall into the same general category as the libraries and museums—that of servicing agencies for man's higher activities, which offer new technical opportunities to the scientist, the artist and the educator. In this field Unesco will have a great deal of detailed work to do. Granted the services of the mass media to education, science and culture—of the book and the magazine in regard to literature and the spread of ideas ; of the daily and weekly press and the radio, in disseminating news and information ; of the documentary film as a form of public relations service ; of the radio in extending musical interest and raising musical standards : yet the fact remains that they have also rendered many disservices—in the vulgarising of taste, in the debasement of intellectual standards, in the avoidance of real issues, in the erection of false ideals. The gap between possibility and actuality is often all too wide ; and Unesco must, in every field of its competence, set out to see that it is narrowed. The techniques and the tactics involved in realising this aim are complex and intricate, and will differ for the different mass media ; however, we need not consider them here.

One necessary piece of work which Unesco must undertake is a study of the real effects of radio and film on illiterate peoples hitherto cut off from general thought. At the moment nothing very definite is known about this ; yet we must know it if we are to make the best possible use of these revolutionary methods. There are thus two tasks for the Mass Media division of Unesco, the one general, the other special. The special one is to enlist the press and the radio and the cinema to the fullest extent in the service of formal and adult education, of science and learning, of art and culture. The general one is to see that these agencies are used both to contribute to mutual comprehension between different nations and cultures, and also to promote the growth of a common outlook shared by all nations and cultures.

CONCLUSION

Not much remains to be said in conclusion, but what remains is important. It is that the task before Unesco is necessary, is opportune, and, in spite of all multiplicity of detail, is single.

That task is to help the emergence of a single world culture, with its own philosophy and background of ideas, and with its own broad purpose. This is opportune, since this is the first time in history that the scaffolding and the mechanisms for world unification have become available, and also the first time that man has had the means (in the shape of scientific discovery and its applications) of laying a world-wide foundation for the minimum physical welfare of the entire human species. And it is necessary, for at the moment two opposing philosophies of life confront each other from the West and from the East, and not only impede the achievement of unity but threaten to become the foci of actual conflict.

You may categorise the two philosophies as two super-nationalisms ; or as individualism versus collectivism ; or as the American versus the Russian way of life ; or as capitalism versus communism ; or as Christianity versus Marxism ; or in half a dozen other ways. The fact of their opposition remains and the further fact that round each of them are crystallising the lives and thoughts and political aspirations of hundreds of millions of human beings. Can this conflict be avoided, these opposites be reconciled, this antithesis be resolved in a higher synthesis ? I believe not only that this can happen, but that, through the inexorable dialectic of evolution, it *must* happen—only I do not know whether it will happen before or after another war. Since another war would be so appalling as to set back the march of human progress by centuries, I am convinced that the task of achieving this synthesis in time to forestall open conflict must be the overriding aim of Unesco.

In pursuing this aim we must eschew dogma—whether it be theological dogma or Marxist dogma or philsosophical or any other form of dogma : East and West will not agree on a basis for the future if they merely hurl at each other the fixed ideas of the past. For that is what dogmas are—the crystallisations of some dominant system of thought of a particular epoch. A dogma may, of course, crystallise tried and valid experience : but if it be dogma, it does so in a way which is rigid, uncompromising and intolerant. What, for wanting a better term, I have called doctrine may also embody valid experience : but it may be flexible, may be capable of growth and development and adjustment. Some dogmas may represent a more recent past than others ; but that does not render them any the less rigid and accordingly any less dangerously out of date, any less incapable of reconciliation with opposing systems. If we are to achieve progress, we must learn to uncrystallise our dogmas.

The two opposing philosophies of to-day differ essentially on one point—the relation between the individual and the community. But this one central difference provides differences in every field with which Unesco has to deal, as well as in many others. It engenders different moralities and systems of ethics ; different methods of education ; different conceptions of the role of art in society ; defferent economic systems ; different ways of integrating science with national life ; different interpretations of the fundamental human freedoms ; different conceptions of the possibilities and limits of international co-operation.

I believe that these differences, though they will undoubtedly become irreconcilable without armed conflict if they are permitted to express themselves as dogmas, to embody themselves in rigid social systems, and to become translated into terms of politics and power, can in principle be reconciled. They can be reconciled along the lines of some such evolutionary humanism as I have sketched in my opening sections, in which, though the full development of the individual is recognised as the central aim and criterion of further evolutionary progress, the proper organisation of society is recognised as the indispensable mechanism of that progress. Put in another way, society as such embodies no values comparable to those embodied in individuals ; but individuals are meaningless except in relation to the community (though that community transcends the nation both in space and in time), and can only achieve fullest self-development by self-transcendence, by interpenetration of the self with other reality, including other selves. The problem is thus not one of metaphysics or dogma, but essentially practical—how best to adjust or still better to reconcile the claims of two concrete sets of realities—individual human beings, and human social organisations. Accordingly, I believe that this reconciliation can be approached from two directions. It can be approached from above and from outside, as an intellectual problem, a question of agreement in principle : and it can also be approached from below and from within, as a practical problem, a question of agreement through action. The world is potentially one, and human needs are the same in every part of it—to understand it, to control it, and to enjoy it. Anything that Unesco can do to satisfy these needs through promoting education, science and culture, will be a step towards a unified way of life and of looking at life, a contribution to a foundation for the unified philosophy we require.

And finally, I believe that a body such as Unesco, which is charged with promoting both the higher activities of man and their practical application, and of doing so on an international scale, is the most likely agency to make this dual approach and so to speed up this necessary process of reconciliation.

L'UNESCO
SES BUTS
ET SA PHILOSOPHIE

par

JULIAN HUXLEY

———

COMMISSION PREPARATOIRE
DE L'ORGANISATION DES NATIONS UNIES
POUR L'EDUCATION, LA SCIENCE ET LA CULTURE
1946

CHAPITRE I

———

L'UNESCO—SES BUTS ET SA PHILOSOPHIE

L'UNESCO - SES BUTS ET SA PHILOSOPHIE

1. BUTS ASSIGNES A L'UNESCO

L'Unesco—Organisation des Nations Unies pour l'Education, la Science et la Culture—a, comme on peut le voir d'après son titre même, deux grands buts à poursuivre. Tout d'abord, c'est une organisation inernationale qui doit servir les fins et les buts des Nations Unies, ce qui, en définitive, revient à servir les intérêts du monde et de l'humanité tout entière. Ensuite, l'Unesco doit encourager et faire progresser l'éducation, la science et la culture sous tous leurs aspects et dans l'acception la plus large de ces termes.

Ces buts se trouvent définis de manière plus complète dans la Convention de l'Unesco, dont le préambule commence par ces nobles paroles de Mr. Attlee : "les guerres prenant naissance dans l'esprit des hommes, c'est dans l'esprit des hommes que doivent être élevées les défenses de la paix" ; on insiste ensuite dans ce préambule sur les dangers de l'ignorance—"l'incompréhension mutuelle des peuples a toujours été, au cours de l'histoire, à l'origine de la suspicion et de la méfiance entre nations, par où leurs désaccords ont trop souvent dégénéré en guerre," puis on y fait remarquer que la dernière guerre a été rendue possible par le reniement de certains principes fondamentaux, de "l'idéal démocratique de dignité, d'égalité et de respect de la personne humaine," et par la substitution à ces principes du "dogme de l'inégalité des races et des hommes."

En partant de ces prémisses, on émet ensuite l'idée que "la dignité de l'homme exigeant la diffusion de la culture et l'éducation de tous en vue de la justice, de la liberté et de la paix, il y a là, pour toutes les nations, des devoirs sacrés à remplir dans un esprit de mutuelle assistance," et on en arrive à la conclusion remarquable, jamais formulée auparavant dans aucun document officiel, qu'une paix "fondée sur les seuls accords économiques et politiques des gouvernements" ne saurait donner satisfaction, puisqu'elle ne pourrait "entraîner l'adhésion unanime, durable et sincère des peuples" et que "par conséquent, cette paix doit être établie sur le fondement de la solidarité intellectuelle et morale de l'humanité." Pour finir, les Etats signataires de cette Convention affirment leur confiance en une politique consistant à assurer "à tous le plein et égal accès à l'éducation, la libre poursuite de la vérité objective et le libre échange des idées et des connaissances." Ils se déclarent d'accord pour "développer" et pour "multiplier les relations entre leurs peuples, en vue de se mieux comprendre et d'acquérir une connaissance plus précise et plus vraie de leurs coutumes respectives," et ils déclarent créer "par les présentes l'Organisation des Nations Unies pour l'Education, la Science et la Culture" dont le but est alors nettement défini comme devant consister à "atteindre graduellement, par la coopération des nations du monde dans les domaines de l'éducation, de la science et de la culture, les buts de paix internationale et de prospérité commune de l'humanité en vue desquels l'Organisation des Nations Unies a été constituée, et que sa Charte proclame."

Dans l'article I de la Convention, les méthodes à employer pour atteindre ces buts se trouvent définies dans leurs grandes lignes et font l'objet de trois paragraphes.

En tout premier lieu, il est question de la tâche qui incombe à l'Unesco de favoriser "la connaissance et la compréhension mutuelle des nations en prêtant son concours aux organes d'information des masses" et d'obtenir les accords internationaux "qu'elle juge utiles pour faciliter la libre circulation des idées, par le mot et par l'image."

Il est ensuite fait mention d'une "impulsion vigoureuse" à imprimer "à l'éducation populaire et à la diffusion de la culture. Dans ce paragraphe se trouve affirmé "l'idéal d'une chance égale d'éducation pour tous, sans distinction de race, de sexe ni d'aucune condition économique ou sociale" ; il y est fait spécialement mention parmi les tâches à accomplir de celle qui consiste à suggérer "des méthodes d'éducation convenables pour préparer les enfants du monde entier aux responsabilités de l'homme libre."

Le troisième paragraphe enfin embrasse un très vaste domaine, celui de l'aide "au maintien, à l'avancement et à la diffusion du savoir." Les méthodes préconisées sont d'abord "la conservation et la protection du patrimoine universel de livres, d'oeuvres d'art et d'autres monuments d'intérêt historique ou scientifique" ; ensuite "la coopération entre nations dans toutes les branches de l'activité intellectuelle," cette coopération impliquant "l'échange international de représentants de l'éducation, de la science et de la culture," ainsi que celui "de publications, d'oeuvres d'art, de matériel de laboratoire et de toute documentation utile," enfin la mise au point de "méthodes de coopération internationale" destinées à faciliter "l'accès de tous les peuples à ce que chacun d'eux publie."

Ces déclarations d'ordre général ont besoin d'être précisées et parfois expliquées. Rien ne dit par exemple si la coopération entre les nations dans le domaine des activités intellectuelles devra aller jusqu'à l'établissement, sous l'égide de l'Unesco, d'institutions de recherche ou autres, présentant un caractère vraiment international ; et la Convention n'insiste peut-être pas suffisamment, en regard des activités intellectuelles, sur les activités artistiques ; elle parle trop peu, à côté de la conservation du patrimoine littéraire et artistique, de la production d'oeuvres nouvelles. Mais il est évident que les questions de ce genre se résoudront d'elles-mêmes petit à petit et que les détails se préciseront lorsque l'Unesco se trouvera aux prises avec des tâches concrètes.

2. NECESSITE D'UNE PHILOSOPHIE POUR L'UNESCO

Mais, pour mener à bien sa tâche, il ne suffit pas à une organisation telle que l'Unesco d'avoir des buts et des objectifs bien définis. Son action présuppose une philosophie, une hypothèse de travail qui tende à expliquer les buts et les fins de l'existence humaine et qui puisse dicter, ou tout au moins suggérer une prise de position devant les différents problèmes. Si elle ne possède pas une conception philosophique de ce genre, qui lui permette d'envisager les choses sous un angle unique, l'Unesco risquera de prendre des mesures fragmentaires, ou même contradictoires ; il lui manquera en tout cas le principe directeur et l'élément d'inspiration que fournit la croyance en une doctrine générale cohérente.

Il y a évidemment certains principes et certaines philosophies que l'Unesco ne saurait en aucun cas accepter. Elle ne peut par exemple fonder sa conception de la vie sur aucune des religions qui rivalisent dans le monde, qu'il s'agisse de l'Islam, du Catholicisme, du Protestantisme, du Bouddhisme, de l'Unitarisme, du Judaïsme ou du Brahmanisme. Elle ne peut non plus épouser, à l'exclusion des autres, telle ou telle des doctrines politico-économiques qui rivalisent dans le monde d'aujourd'hui en cherchant à s'exclure réciproquement—qu'il s'agisse du libéralisme capitaliste dans sa forme moderne, du communisme marxiste ou du planisme semi-socialiste, etc. Elle ne peut le faire, en partie parce que tout sectarisme est contraire à sa charte et à son essence même, en partie aussi pour la raison toute pratique que toute tentative de ce genre déchaînerait immédiatement l'hostilité active de groupes importants et influents, entraînerait un refus de coopération de la part d'un certain nombre des Etats Membres et pourrait même amener ces Etats à se retirer de l'Organisation.

Pour des raisons assez analogues à celles que nous venons d'exposer, l'Unesco ne saurait s'appuyer non plus exclusivement sur une philosophie essentiellement sectaire ou sur une conception philosophique trop restreinte—qu'il s'agisse de l'existentialisme, de la doctrine de l'*élan vital*, du rationalisme ou du spiritualisme, d'un déterminisme économique ou d'une théorie cyclique de l'histoire humaine. Elle ne peut non plus, soutenant comme elle le fait le principe démocratique et celui de la dignité humaine, de l'égalité et du respect mutuel, accepter l'idée que l'Etat, considéré comme une fin, est plus important que l'individu et doit être placé au-dessus de lui ; elle ne peut non plus adhérer à aucune théorie de la société fondée sur l'opposition rigoureuse des classes. Dans le préambule de sa Convention, l'Unesco rejette expressément la théorie raciste et l'idée qu'il peut y avoir des "races, nations ou groupes ethniques inférieurs ou supérieurs."

Enfin, puisqu'elle met l'accent sur les tâches concrètes à entreprendre dans les domaines de l'éducation, de la science et de la culture, et puisqu'elle insiste sur la nécessité d'une compréhension mutuelle entre les peuples et sur la poursuite, sur cette planète, de la paix et du bien-être, il semble que l'Unesco ne puisse adopter non plus une conception fondée exclusivement ou essentiellement sur la croyance en une autre vie, ni à la vérité, prendre comme point de départ aucun dualisme.

Tels sont donc les systèmes philosophiques ou principes directeurs que l'Unesco ne saurait accepter. Nous en venons maintenant à l'aspect positif de la question. L'Unesco s'intéresse avant tout à la paix, à la sécurité et au bien-être, dans la mesure où ces objectifs peuvent être atteints par le développement des relations entre peuples dans les domaines de l'éducation, de la science et de la culture. Sa conception philosophique devra donc être, semble-t-il, une sorte d'humanisme. Mais cet humanisme devrait de plus être un humanisme mondial, c'est-à-dire qu'il devrait s'efforcer d'unir tous les peuples du monde, et de traiter tous les peuples et tous les individus d'un même peuple comme égaux, en ce qui concerne la dignité humaine, le respect réciproque et la possibilité de recevoir une instruction. Ce doit être également un humanisme scientifique, étant donné que les applications de la science fournissent à la culture humaine la plupart de ses fondements matériels et aussi qu'il faut lier étroitement la pratique et la connaissance de la science à celles des autres activités humaines.

Cet humanisme ne peut cependant être matérialiste, mais doit embrasser les aspects spirituels et intellectuels aussi bien que matériels de l'existence ; il doit s'efforcer d'y parvenir en se fondant sur une base philosophique vraiment moniste, cherchant l'unité de tous ces aspects.

Enfin ce doit être un humanisme évolutionniste, non pas statique ni idéal. Il est essentiel que l'Unesco aborde tous les problèmes d'un point de vue évolutionniste, sinon sa philosophie sera fausse, son humanisme partial, voire trompeur. Cette affirmation sera justifiée plus loin dans le détail. Il suffit de rappeler ici que pendant les quelques dizaines d'années qui viennent de s'écouler, on a pu mettre sur pied une théorie élargie ou généralisée de l'évolution, qui fournit à l'humanisme moderne la charpente intellectuelle qui lui est nécessaire. Cette théorie nous montre non seulement la place de l'homme dans la nature et ses rapports avec le reste de l'univers phénoménal, elle nous apporte non seulement une description des divers types d'évolution, ainsi que des directions et des tendances diverses qui se manifestent dans chacun d'eux, mais elle nous permet aussi de discerner les tendances désirables de celles qui ne le sont pas et de démontrer l'existence du progrès dans le cosmos. Elle nous montre enfin qu'il n'appartient qu'à l'homme de faire de nouveaux progrès dans l'évolution, et elle nous offre des enseignements précieux sur les voies qu'il doit éviter et celles qu'il doit suivre s'il veut réaliser ce progrès.

Le point de vue évolutionniste fournit le lien entre les sciences naturelles et l'histoire humaine ; il nous apprend la nécessité de penser de façon dynamique, en termes de vitesse et de direction, et non de façon statique, en termes de position momentanée et de résultat quantitatif ; non seulement, il nous fait comprendre l'origine et nous montre les racines biologiques des valeurs humaines mais encore, dans la masse apparemment neutre des phénomènes naturels, il permet de trouver à ces valeurs certains fondements et certains critères extérieurs. Le point de vue évolutionniste est indispensable, en ce qu'il nous met à même de choisir, dans le chaos des tendances opposées d'aujourd'hui, les principes, les activités et les méthodes que l'Unesco doit mettre en lumière et appuyer.

Il semble donc que la philosophie générale de l'Unesco doive être un humanisme scientifique universel, unifiant les différents aspects de la vie humaine et s'inspirant de l'Evolution. Quels autres enseignements, pratiques aussi bien que théoriques, peuvent être tirés de cette conception ? Il faut les examiner d'une manière assez détaillée avant d'aborder l'étude des activités de l'Unesco, section par section.

3. L'UNESCO ET LE PROGRES HUMAIN

Notre première tâche doit être d'élucider la notion de directions désirables et de directions indésirables de l'évolution, car de là dépendra notre attitude vis à vis du progrès humain, premièrement au point de vue de la possibilité de ce progrès, ensuite au point de vue de sa définition. Bien que cette discussion puisse au premier abord paraître académique et purement théorique, on s'apercevra peu à peu qu'elle s'applique de la façon la plus directe aux travaux de l'Unesco.

L'évolution au sens large du mot couvre tous les processus historiques de transformation et de développement qui interviennent dans l'Univers. On peut y distinguer trois domaines différents : l'inorganique ou l'inanimé, l'organique ou le biologique, et le social ou l'humain. Le domaine inorganique est de beaucoup le plus étendu, comprenant l'écrasante masse du cosmos, c'est-à-dire à la fois l'espace intersidéral et les agrégats matériels que nous appelons étoiles. D'autre part, dans ce domaine, presque toutes les méthodes de transformation sont celles d'une action physique réciproque, et l'évolution, même la plus rapide, se produit à un rythme si lent qu'elle dépasse presque notre compréhension ; la "vie" d'une étoile par exemple est de l'ordre impressionnant de grandeur de 10^{12} années.

Le domaine biologique est d'étendue très restreinte, étant limité à la surface extérieure d'une seule petite planète : la Terre, et, peut-être, en quelques rares autres points analogues de l'univers. Par contre, l'apparition des deux propriétés fondamentales de la matière vivante : faculté de reproduction, et variation (mutation), a apporté à la vie une méthode de transformation absolument nouvelle et beaucoup plus puissante : celle de la sélection naturelle. Il en résulta une accélération énorme du rythme de l'évolution ; l'évolution entière de la vie, depuis ses origines pré-cellulaires jusqu'à l'homme, a pris en effet un peu plus de 10^9 ans, et des transformations tout à fait importantes, telles que l'évolution des équidés, depuis leurs ancêtres aux formes petites et non-spécialisées, jusqu'à la forme spécialisée du cheval actuel, ou encore le passage des reptiles aux premiers vrais oiseaux, ont pu s'accomplir dans une période qui est de l'ordre de 10^7 années plutôt que de 10^8. Il y a enfin, le domaine humain. Il est d'étendue encore plus restreinte, étant limité à une seule espèce, celle de l'homme. Mais là aussi s'offre une méthode nouvelle et plus efficace de transformation. Ce privilège est conféré à l'homme grâce à deux propriétés spécifiquement humaines: la parole et la pensée conceptuelle, tout comme l'usage de la Sélection Naturelle est conféré à la vie grâce à ses deux propriétes distinctives : faculté de reproduction et variation. Pour employer un langage objectif, cette nouvelle méthode est le résultat de la tradition cumulative, qui constitue le fondement de cette hérédité sociale grâce à laquelle les sociétés humaines se transforment et se développent. Mais cette nouvelle méthode possède également un aspect subjectif de grande importance. La tradition cumulative, comme toutes les autres activités spécifiquement humaines, repose en grande partie sur des processus conscients : sur la connaissance, sur l'activité réfléchie, sur le sentiment conscient, sur un choix conscient. C'est ainsi que la lutte pour l'existence, qui est à la base de la sélection naturelle, se trouve de plus en plus remplacée par une sélection consciente, une lutte entre les idées et les valeurs au sein de la conscience.

Cette nouvelle méthode offre une nouvelle possibilité d'accélérer encore énormément le rythme possible de l'évolution. Et, qui plus est, il s'est produit jusqu'ici une accélération régulière de ce nouveau rythme. Tandis qu'à l'âge paléolithique inférieur, d'importantes transformations prenaient un temps de l'ordre de 10^6 années, vers la fin de l'époque paléothique supérieure, ce chiffre se rapprochait de 10^4 années et à l'époque historique il n'était bientôt plus que de 10^2 années, c'est-à-dire un siècle. Au cours du siècle dernier, il s'est produit, pendant chaque période de 10 ans, au moins un changement d'importance ; et si l'on nous demande de citer dix de ces transformations, on peut choisir : la photographie, la doctrine de l'évolution, la théorie électro-magnétique, avec ses applications sous la forme de lumière et d'énergie électriques, la théorie microbienne des maladies, le cinéma, la radioactivité et les nouvelles théories de la matière et de l'énergie, la télégraphie sans fil et la télévision, le moteur à combustion interne, les produits synthétiques et la désintégration de l'atome. A l'heure actuelle, même les transformations les plus décisives, telles que la découverte et les applications pratiques de la désintégration atomique ne pourraient peut-être s'étendre que sur cinq années, et jusqu'ici on ne peut entrevoir aucune diminution de ce rythme de l'accélération évolutive.

Ces trois domaines sont apparus successivement dans le temps. En ce qui concerne le processus dans son ensemble, il est un autre fait frappant : c'est que le fondement physique, l'organisation de ce qui évolue devient de plus en plus complexe avec le temps, à la fois dans le passage d'un domaine à l'ature, et à l'intérieur même de chaque domaine. Presque tout le domaine inorganique est formé d'atomes ou d'unités subatomiques encore plus simples, bien que, çà et là, il atteigne au niveau plus élevé de la *molécule*. En outre, dans certaines conditions rarement réalisées, il a dû atteindre le stade supérieur de la molécule organique, macro-molécule qui peut comprendre un nombre beaucoup plus grand et une disposition beaucoup plus complexe d'atomes, étant donnée la propriété qu'ont les atomes de carbone, dans certaines conditions, de se combiner les uns avec les autres pour former la charpente de grosses molécules ayant la forme de cercles, de chaînes ou de structures aux ramifications complexes. Et c'est parmi ces molécules organiques que sont nées, par évolution, les molécules vivantes, douées de la faculté de reproduction, qui appartiennent au domaine biologique. Ces dernières sont beaucoup plus complexes, et sont formées de centaines et peut-être de milliers d'atomes. Leur immense complexité, qui reste cependant infra-microscopique, a constitué la base d'une complexité visible, encore plus grande. Pour ceux qui ne l'ont pas systématiquement étudiée, la complexité de la structure du corps d'un oiseau ou d'un mammifère est presque inconcevable. Et cette complexité visible s'est accrue au cours de l'évolution biologique. L'oiseau ou le mammifère est plus complexe que le poisson, le poisson l'est beaucoup plus que le ver, le ver que le polype, le polype que l'amibe, l'amibe que le virus.

Enfin, dans le domaine humain, une nouvelle complexité vient se superposer à l'ancienne sous la forme des outils et des machines de l'homme ainsi que de l'organisation sociale. Celle-là aussi s'accroît avec le temps. La complexité d'un Etat moderne ou d'une usine de machines-outils dans cet Etat, est presque infiniment plus grande que celle d'une tribu primitive ou des outils de bois ou de pierre à la diposition de ses membres.

Mais ce n'est pas seulement la complexité qui s'accroît avec le temps. Dans le domaine biologique, l'évolution a valu à l'homme un plus grand empire sur le monde extérieur, et une plus grande indépendance à l'égard des changements et des hasards de ce monde. Elle a aussi été dans le sens d'une individualisation plus grande et cette tendance est liée à une autre, qui a mené à un accroissement de la puissance mentale, à une capacité plus grande d'acquérir et d'organiser les connaissances, d'éprouver des émotions et de faire effort en vue d'une fin.

Dans le domaine humain, cette dernière tendance poursuit son action à un rythme très accéléré, mais une autre vient s'y ajouter, un accroissement de la capacité d'apprécier les valeurs, de discerner les expériences qui ont une valeur en elles-mêmes et pour elles-mêmes, d'accumuler des connaissances, de travailler en vue d'une fin, et d'intégrer des valeurs morales au processus de l'évolution sociale elle-même.

Ces grandes tendances ne sont pas universelles. Dans le domaine biologique, par exemple, la stabilité, au lieu du changement, peut être de règle dans certaines conditions, ou le changement peut se limiter à quelques modifications de détail dans la production de nouvelles espèces, de nouveaux genres appartenant toujours à un type général déjà existant.

Même lorsqu'il existe de grandes tendances, elles ne sont pas toujours désirables, si on examine leurs résultats à longue échéance. C'est ainsi que la plupart des tendances observées dans le domaine biologique, telles que celles qu'on découvre dans les races équines et éléphantines, sont seulement des spécialisations. Celles-ci, après des dizaines de millions d'années d'amélioration sur un point seulement et pour un genre de vie particulier, conduisent inévitablement l'évolution à un cul-de-sac, après lequel aucun changement important n'est possible.

Cependant, il existe un certain nombre de tendances permettant un progrès général de l'ensemble de l'organisme, par exemple dans le cas de l'évolution qui a conduit des reptiles aux premiers mammifères, ou des mammifères aux premiers hommes. Ces progrès n'interdisent pas des changements importants ultérieurs, comme l'a montré l'évolution considérable des mammifères pendant l'époque tertiaire ou l'évolution des sociétés humaines depuis la période glaciaire, et ce sont donc les seuls changements qui sont désirables, à longue échéance, les seules tendances où l'on puisse parler de progrès.

En outre, nous connaissons maintenant assez bien les méthodes de l'évolution biologique : l'existence de plusieurs types tout à fait différents de sélection ; les conditions qui accélèrent ou retardent le changement ; la position subordonnée de la mutation par rapport à la sélection, lorsqu'il s'agit d'imprimer une direction au courant de l'évolution ; le rôle que jouent, dans cette évolution, le degré de spécialisation et de progrès discernables dans un organisme, le milieu biologique et le milieu physique, ainsi que l'interaction entre ces facteurs ; le conflit, au cours de l'évolution, entre les limitations imposées à un organisme par sa nature et par son passé, et les besoins du présent, et la solution de ce conflit, grâce à quelque nouvelle adaptation,—ou l'absence de solution, qui est suivie d'extinction.

Ce dernier point fait immédiatement penser à la thèse, à l'antithèse et à la synthèse de la philosophie hégelienne et à la "fusion des contraires" de la philosophie marxiste, qui se fonde sur la précédente. En fait, le matérialisme dialectique a été la première tentative profonde de philosophie évolutionniste.

Malheureusement, il se fondait trop exclusivement sur des principes d'évolution sociale, et non biologique, et en tout cas il est né trop tôt, avant que les faits ou l'analyse des faits fussent suffisants pour servir de fondation à un aussi vaste édifice. Aujourd'hui il est au moins possible de commencer l'édification d'une philosophie totale de l'évolution, et un grand nombre des conclusions qu'on en tirera seront précieuses pour formuler en détail la philosophie propre de l'Unesco. Pour le moment cependant, nous n'avons pas la place pour discuter aucune de ces conclusions, sauf le grand principe du progrès, qui est à la base de l'évolution.

Il est capital, en effet, que la biologie nous ait permis de découvrir une direction dans l'évolution, prise dans son ensemble, nullement limitée au petit domaine de la vie humaine, une direction à laquelle le terme de *progrès* peut s'appliquer parfaitement. Ce progrès dans l'évolution, découvrons-nous, tend vers un accroissement des caractéristiques suivantes : dans toute l'évolution, une complexité croissante de l'organisme ; à ceci s'ajoute, dans les domaines biologique et humain, une tendance plus importante vers un pouvoir plus grand de modifier le milieu et une plus grande indépendance à l'endroit de ce milieu, puis, à des phases ultérieures, une tendance à l'accroissement des capacités mentales ; et enfin, dans le domaine humain seulement, une compréhension et une réalisation croissantes des valeurs intrinsèques, cette dernière tendance devenant maintenant à son tour la caractéristique la plus importante du progrès. Une autre caractéristique générale du progrès, c'est de toujours permettre un progrès ultérieur, de ne jamais s'engager dans une impasse.

Lorsque l'homme cherche à apprécier sa position dans l'ensemble du cosmos, et sa destinée future, il doit attacher une importance toute particulière au fait qu'il est l'héritier, et en vérité le seul héritier du progrès de l'évolution, à ce jour. Lorsqu'il proclame qu'il est le type d'organisme le plus élevé, il ne se rend nullement coupable de vanité anthropocentrique : il ne fait qu'énoncer un fait biologique. Qui plus est, il n'est pas seulement le seul héritier des progrès passés de l'évolution, mais il a l'apanage des progrès futurs éventuels. Du point de vue évolutionniste, la destinée de l'homme peut se résumer très simplement : c'est de faire le maximum de progrès dans le minimum de temps. C'est pourquoi la philosophie de l'Unesco doit s'appuyer sur l'évolutionnisme, et c'est pourquoi le concept de progrès doit être au centre même de cette philosophie.

L'analyse du progrès dans l'évolution nous fournit certains critères pour juger si nos buts et nos activités sont bons ou mauvais et si les tendances enregistrées dans l'histoire contemporaine, tendances dont l'Unesco doit se préoccuper, sont souhaitables ou non. C'est ainsi que l'accroissement de notre pouvoir sur la nature ne doit pas être jugé seulement en lui-même, mais qu'il apparaît encore comme le fondement nécessaire de progrès futurs. Si l'on traduit ceci en un langage plus en rapport avec le programme de l'Unesco, la recherche peut s'égarer, ses applications matérielles peuvent être surestimées, et cependant, sans cette recherche, sans ces applications, nous ne ferons aucun progrès. Cette conclusion s'applique *a fortiori* à la complexité de l'organisation sociale. Là encore, même des connaissances qui semblent entièrement bienfaisantes peuvent être appliquées de telle manière qu'elles ne concourent pas au progrès. Par exemple, l'application des sciences médicales peut accroître le nombre d'êtres humains vivant dans une région donnée, mais elle diminue leur qualité ou leur capacité de jouir de la vie. S'il en est ainsi, cette application est mauvaise, à la lumière de notre critère fondamental ; la direction de l'évolution. Par un nouveau détour, nous sommes amenés à prendre conscience de la nécessité pour l'Unesco d'un programme à cheval sur de nombreux domaines ; dans ce cas particulier, il devrait comprendre, en dehors de l'application des sciences médicales, des études sur la productivité agricole (érosion, mécanisation, etc.), et sur l'assistance sociale, et aussi l'application des techniques de contrôle de la natalité.

En général, l'Unesco doit constamment mettre son programme à l'épreuve de cette pierre de touche que constitue le progrès de l'évolution. Un conflit central de notre époque est celui qui oppose le nationalisme et l'internationalisme, le concept de souverainetés nationales multiples et celui de souveraineté mondiale unique. Ici, la pierre de touche de l'évolution nous fournit une réponse sans équivoque. La clef du progrès humain, la méthode distinctive qui a rendu le progrès à ce point plus rapide dans le domaine humain que dans le domaine biologique et lui a permis d'atteindre des buts plus élevés et plus satisfaisants, c'est la tradition cumulative, l'existence d'un fonds commun d'idées capable de se perpétuer lui-même et d'évoluer lui-même, et ce fait a eu pour conséquence immédiate que le type d'organisation sociale est devenu le facteur essentiel des progrès humains, ou à tout le moins, le cadre qui en impose les limites.

Il s'ensuit deux corollaires évidents. D'abord, plus la tradition humaine s'unifiera, plus rapide sera la possibilité de progrès. Plusieurs fonds traditionnels distincts ou rivaux, ou même hostiles l'un à l'autre, ne peuvent donner d'aussi bons résultats qu'un fonds unique commun à toute l'humanité. Le second corollaire, c'est que le meilleur, le seul moyen certain d'arriver à ce résultat, c'est l'unification politique. Comme le montre l'histoire, les idées qui tendent à l'unification *peuvent* exercer leur influence par delà des frontières nationales. Mais comme le montre aussi l'histoire, de manière non moins frappante, cet effet est seulement partiel, et ne peut jamais neutraliser entièrement les possibilités de conflit qui jaillissent de l'existence d'entités politiques souveraines distinctes.

La morale à tirer pour l'Unesco est claire ; sa tâche, qui est de travailler à la paix et à la sécurité, ne pourra jamais être entièrement réalisée par les moyens qui lui sont assignés : l'éducation, la science et la culture. Elle doit considérer une forme quelconque d'unité politique mondiale, que ce soit grâce à un gouvernement mondial unique ou autrement, comme le seul moyen certain d'éviter la guerre. Cependant, l'unité politique du monde est malheureusement un idéal lointain et, en tout cas, elle n'est pas du ressort de l'Unesco. Ceci ne veut pas dire que l'Unesco ne puisse pas faire beaucoup pour la paix et la sécurité. De manière topique, dans son programme d'éducation, elle peut faire ressortir la nécessité ultime de l'unité politique mondiale et familiariser tous les peuples avec tout ce qu'impliquerait le transfert de la pleine souveraineté des nations séparées à une organisation mondiale. Mais, de manière plus générale, elle peut faire beaucoup pour préparer les fondations sur lesquelles pourra reposer plus tard l'unité politique du monde. Elle peut aider les peuples à se comprendre mutuellement et à prendre conscience de leur humanité commune, de leur tâche commune, par opposition avec les nationalismes distincts qui tendent à les isoler.

Elle peut favoriser des entreprises qui, pleinement internationales dès le début, démontrent la possibilité de dépasser le cadre national et le nationalisme, dans une activité commune. Comme exemple de telles entreprises, on peut citer le Centre de Mathématiques appliquées de l'Unesco, proposé par la Section des Sciences, les Camps de Reconstruction internationaux, proposés par la Section d'Education, les activités groupées autour du Centre mondial de Bibliographie et des Bibliothèques et du Centre international de "Clearing" des Publications proposés par la section des Bibliothèques et Musées, l'Institut international pour l'Aménagement des villes, des campagnes et de l'habitation, envisagé par la Section des Sciences sociales, l'Institut international du Théâtre proposé par la Section des Arts de création, et le travail consacré à la production d'un programme de films et d'émissions radiophoniques de caractère international envisagé par la Section d'Information des Masses.

L'Unesco peut et doit aussi encourager des contacts internationaux, des organisations et des réalisations pratiques internationales, qui opposeront une résistance croissante aux forces tendant à diviser et à opposer. En particulier, elle peut, à son propre compte et aussi en étroite relation avec d'autres institutions des Nations Unies, telles que l'O.A.A. et l'Organisation internationale d'Hygiène, faire progresser, sur le plan international, l'application de la science au bonheur humain.

A mesure que les bienfaits d'une telle collaboration à l'échelle mondiale deviendront patents (ce qui sera rapidement le cas en ce qui concerne le ravitaillement et la santé de l'humanité), il deviendra de plus en plus difficile pour une nation de les détruire en recourant à l'isolationnisme et à la guerre.

Dans les cas particuliers de la désintégration atomique, de la bactériologie et de la microbiologie, l'Unesco peut faire beaucoup par des campagnes de grande envergure destinées à l'éducation du public, en faisant ressortir le contraste entre les effets désastreux de nouveaux emplois de nos connaissances pour la guerre, sous forme de bombes atomiques ou sous la forme encore plus horrible de la "guerre biologique," et les magnifiques possibilités qui s'ouvrent à nous si nous les utilisons pour accroître le bonheur de l'humanité en mettant de nouvelles sources d'énergie à la disposition de celle-ci, dans son ensemble, et plus particulièrement dans certaines régions arriérées, en faisant des micro-organismes les serviteurs chimiques de l'homme, aussi bien qu'en faisant disparaître les maladies microbiennes. La démonstration pratique étant la meilleure forme d'enseignement, l'Unesco devrait faire tout ce qui est en son pouvoir pour stimuler l'utilisation de la physique nucléaire et de la micro-biologie pour des fins pacifiques.

En dépit de tout cela, l'Unesco doit accepter le fait que le concept de nation est toujours à la base de la structure politique du monde, et elle doit se préparer à l'éventualité d'un triomphe temporaire des forces qui tendent à la dislocation et au conflit. Mais, même si ceci devait se produire, l'Unesco doit tendre toutes ses énergies en vue de démontrer les bienfaits spirituels aussi bien que matériels qu'on peut obtenir en exploitant le fonds commun de la tradition, en particulier par la coopération internationale dans les domaines de l'éducation, de la science et de la culture, si bien que, même si une nouvelle guerre venait à éclater, le monde n'oublierait pas ces bienfaits.

QUALITÉ ET QUANTITÉ

On peut déduire du progrès de l'évolution une autre vérité dont l'Unesco doit tenir grande compte : le primat de la qualité sur la quantité. Pendant tout le cours de l'évolution, le progrès a consisté dans l'élévation du niveau supérieur de certaines propriétés de la "matière cosmique" dont nous sommes faits tout comme les étoiles. Dans le domaine humain, le progrès a été lié de plus en plus à des valeurs intellectuelles, esthétiques, affectives et morales. Dans le domaine des valeurs, la quantité, qu'elle soit nombre, dimension ou étendue, n'a aucun rapport avec le progrès. La masse du domaine inorganique de l'univers est presque infiniment plus grande que celle du domaine biologique, et pourtant, c'est seulement dans ce dernier que l'organisation matérielle a révélé ses étonnantes possibilités. De même, il y a plus d'un million d'espèces différentes de plantes et d'animaux contre une seule dans le domaine humain, mais cette espèce humaine unique est la seule où l'évolution ait abouti au plein épanouissement de l'âme et de l'esprit.

L'Unesco doit se tenir en garde contre la tendance, courante dans certaines sphères, à tout réduire en termes quantitatifs, comme s'il était plus important de compter des têtes que de savoir ce qui s'y passe. Cette tendance à penser seulement ou principalement en termes quantitatifs est en partie un sous-produit de notre époque de grande production, en partie le résultat d'une déformation, d'une conception fausse des principes de la démocratie, d'une manière assez comparable à celle dont le nationalisme militariste s'est fondé sur une conception fausse des principes darwiniens.

L'Epoque de l'Homme de la Rue, la Voix du Peuple, la règle de la majorité, l'importance d'une forte population, c'est sur de telles idées, de tels slogans, qu'est tissée la toile de fond sur laquelle s'inscrivent nombre de nos pensées, et cela tend, si nous n'y prenons garde, à engendrer le règne de la médiocrité, même si c'est la médiocrité dans l'abondance, et aussi à décourager la recherche d'un degré élevé inusité de qualité.

L'Unesco doit sur ce point se faire des idées claires. La quantité a son importance, mais comme moyen, comme fondement de la qualité. Il est vrai qu'il est impossible de posséder une civilisation moderne avancée avec une population qui n'excèderait pas celle d'une tribu de Boschimans, tout comme il eût été impossible à la vie d'élaborer les facultés mentales d'un mammifère supérieur dans un organisme de la taille d'une amibe. Mais il existe cependant des dimensions approximatives *optima* pour toute organisation humaine, de même que pour chaque type d'organisme. Un animal terrestre qui aurait dix fois le poids d'un éléphant serait très défavorisé du point de vue biologique, tout comme dans l'ordre social un comité de deux cents membres ne serait pas moins défavorisé. De même, il existe un maximum et un minimum entre lesquels sont comprises la densité de population humaine *optima* et la population totale *optima* du monde.

L'Unesco doit par ailleurs s'employer non seulement à augmenter le bonheur général des individus moyens, mais aussi à élever le niveau supérieur que l'homme peut atteindre. Cette idée s'applique aux possibilités d'expérience et de divertissement mises à la portée de l'ensemble des hommes, à la qualité de la formation donnée et à la matière humaine elle-même. Le progrès humain consiste en partie à élever le niveau moyen entre les limites préexistantes assignées aux résultats possibles, mais aussi à élever la limite supérieure et à lancer l'homme vers de nouvelles possibilités.

Encourager la diversité, le génie, la qualité en général, si incompréhensible que cela puisse paraître à la multitude, doit constituer l'un des objectifs principaux de l'Unesco.

QUELQUES PRINCIPES GENERAUX

Dans ce tableau de l'évolution, notre humanisme scientifique nous permet de discerner certains principes généraux qui seront utiles à l'Unesco comme encouragement général ou comme guide de détail, dans la poursuite des vastes buts qui lui ont été assignés.

Notre analyse de l'évolution nous montre clairement, tout d'abord, qu'un être humain bien développé représente à l'heure actuelle le produit le plus élevé de l'évolution. Ceci justifie, de façon extérieure et scientifique, les principes démocratiques de la dignité de l'homme que l'Unesco, par sa Convention, est engagée à respecter. Cette analyse constitue également une complète réfutation des diverses thèses, telles que celles de la philosophie hégélienne, du fascisme, ou du nazisme, qui prétendent que l'Etat est en quelque manière supérieur à l'individu et que l'individu n'existe exclusivement ou du moins principalement que pour l'Etat.

D'autre part, nous avons été amenés à nous rendre compte que l'évolution de l'homme, bien qu'elle soit le prolongement naturel de celle du reste de la vie, constitue un processus entièrement différent qui repose sur la méthode essentiellement sociale de la tradition cumulative et se manifeste avant tout dans le développement de la société et non dans la nature génétique des individus qui la composent. Et cela fait immédiatement ressortir la fausseté égale des thèses opposées, soutenant un individualisme sans limites. L'être humain isolé n'a absolument aucune signification ; il n'en acquiert qu'en relation avec une forme quelconque de société. Son développement est conditionné par la société dans laquelle il est né, et par les traditions sociales dont il a hérité. Et la valeur du travail qu'il accomplit pendant sa vie dépend du cadre social qui bénéficie de ce travail ou qui le transmet aux époques à venir.

C'est pourquoi les activités de l'Unesco, bien qu'elles tendent avant tout à enrichir l'individu et à lui procurer des satisfactions plus profondes, doivent toujours être entreprises en relation étroite avec l'arrière-plan social ; beaucoup de ses travaux particuliers porteront sur les moyens sociaux permettant d'atteindre ce but : amélioration des institutions ou mécanismes sociaux tels que : l'enseignement, les organisations de recherches, les centres artistiques, la presse, etc. . . . En particulier, l'Unesco doit porter un intérêt tout spécial au mécanisme social de la tradition cumulative sous tous ses aspects, et faire en sorte qu'elle se manifeste de façon efficace et dans la bonne direction, en tenant compte avant tout de sa fonction essentielle qui est de favoriser l'évolution humaine.

Comme nous l'avons vu plus haut, l'unification des traditions en un fonds unique d'expériences, d'idées et de buts communs est la condition préalable et nécessaire de tout grand progrès futur de l'évolution humaine. Ainsi, bien que, pour atteindre définitivement un tel stade, l'unification politique sous un Gouvernement Mondial quelconque soit indispensable, l'unification des choses de l'esprit non seulement est nécessaire mais encore peut servir à préparer le terrain pour d'autres types d'unification. C'est ainsi que dans le passé, de grandes religions ont unifié de vastes régions de la surface de la terre ; dans les temps récents, la science, à la fois directement par ses idées et indirectement par ses applications pratiques, qui ont presque supprimé la distance, a été un facteur puissant qui a tourné l'esprit des hommes vers la possibilité et la nécessité d'une unité mondiale pleine et entière.

C'est pourquoi l'Unesco devrait accorder une attention toute spéciale au problème de l'élaboration d'un fonds commun de traditions, pour l'espèce humaine considérée comme un tout. Celui-ci, comme nous l'avons déjà indiqué, doit porter aussi bien sur "l'unité dans la variété de l'art et de la culture dans le monde que sur l'encouragement d'un fonds unique de la connaissance scientifique. Mais il faudra également y rattacher plus tard une conception unifiée et commune ainsi qu'une série de buts communs. Ce sera là le dernier aspect de la tâche d'unification spirituelle du monde : aspect que l'Unesco ne doit pas cependant négliger pendant qu'elle se livre à des travaux plus faciles comme celui de favoriser la naissance d'un fonds commun de la connaissance et de l'effort scientifiques.

De ce but global de l'Unesco découle directement un autre principe. L'Unesco devrait porter toute son attention sur le relèvement du niveau de l'éducation, de la science et de la culture, dans les groupes arriérés, où ce niveau est inférieur à la moyenne, qu'il s'agisse de régions géographiques ou de classes défavorisées à l'intérieur d'une même population. Pour employer une autre métaphore, l'Unesco doit essayer de faire pénétrer la lumière dans les régions sombres du monde.

La raison en est évidente. Tout d'abord, il sera impossible à l'humanité d'atteindre à une conception commune, si de larges couches de la population sont illettrées et appartiennent à un monde mental entièrement différent de celui dans lequel peut vivre un homme pleinement instruit, un monde de superstitions marqué de l'esprit étroit de la tribu par opposition à un monde de progrès scientifique, offrant des possibilités d'unité humaine. C'est pourquoi des campagnes générales contre l'analphabétisme et pour une éducation de base commune, doivent prendre place dans le programme de l'Unesco. En outre, il est évidemment impossible d'acquérir une échelle de valeurs communes satisfaisante tant que de vastes sections de l'humanité sont absorbées par des nécessités purement matérielles et des besoins physiologiques : tels que la nourriture, le logement et la santé.

De même, la science ne pourra pas progresser à une cadence maximum soit dans ses recherches soit dans ses applications pratiques tant qu'elle n'aura pas été semée plus également sur un monde inculte ; ce qui permettra une répartition plus uniforme des savants, des appareils scientifiques, et (ce qui à la longue est tout aussi important), de la compréhension populaire de la science.

Pour ce qui est de l'art et de l'appréciation de la beauté, un grand nombre des "zones obscures" du monde se placent différemment, dans les centres mêmes de l'industrie et parmi le prolétariat des régions hautement industrialisées. Mais il n'est pas moins urgent d'éclairer les tâches sombres de ce domaine que d'éclairer celles de l'éducation ou de la science.

En outre, les mécanismes sociaux doivent être établis comme il convient si l'on veut qu'ils fournissent une base permettant d'atteindre les vraies valeurs et d'offrir aux individus le maximum de possibilités et de satisfactions. Un système d'éducation par exemple peut tout aussi bien se prêter à la diffusion de l'idée d'une race supérieure ou d'une caste privilégiée qu'à celle de la dignité de l'homme ou de l'égalité des chances. Un système scientifique peut opérer dans le secret et être tourné tout entier vers la guerre ou la rivalité économique ; ou bien, il peut viser à l'accroissement de la connaissance et du bonheur humain et se fonder sur la liberté. Un système de production en série peut indirectement détruire l'initiative créatrice et la jouissance esthétique et mener ainsi à l'apathie ou à l'évasion tout comme il peut être utilisé directement afin de satisfaire aux véritables besoins de l'homme.

Et c'est pourquoi une partie du programme de l'Unesco comprendra forcément des études approfondies des divers mécanismes sociaux et de leurs effets, conduites à la lumière d'une philosophie générale. L'une d'elles, qui a reçu la priorité n°. 1, porte sur les effets du machinisme sur la civilisation.

LE PRINCIPE DE L'EGALITE ET LE FAIT DE L'INEGALITE

Nous en arrivons enfin à un problème difficile : comment pouvons-nous concilier notre principe de l'égalité humaine avec le fait biologique de l'inégalité humaine ? Mais ce problème n'est peut-être pas aussi difficile qu'il le paraît lorsqu'il est présenté sous cette forme paradoxale, car la contradiction disparaît en grande partie lorsqu'on se rend compte que le mot *égalité* est employé dans deux sens tout à fait différents. Le principe démocratique de l'égalité, qui est aussi celui de l'Unesco, est un principe de l'égalité des chances : les êtres humains devraient être égaux devant la loi, devraient avoir d'égales possibilités de s'instruire, de gagner leur vie, de s'exprimer librement, de se déplacer et de pratiquer leur religion. Au contraire, l'inégalité biologique porte sur les dons naturels de l'homme et sur le fait d'une différence venant de leur transmission génétique.

Certains exemples d'inégalité biologique sont si énormes qu'il est impossible de les concilier avec le principe de l'égalité de chances. C'est ainsi qu'on ne peut offrir aux enfants mentalement anormaux les mêmes possibilités de s'instruire qu'aux autres ; les fous ne sont pas considérés par la loi comme étant sur un pied d'égalité avec les gens normaux, et ils ne peuvent jouir des mêmes libertés. Cependant, on n'a pas souvent tiré toutes les conséquences de l'existence d'une inégalité humaine, et il est certainement nécessaire de les mettre ici en lumière car elles touchent de près à la tâche de l'Unesco.

Comprenons bien dès le début que nous ne parlons ici que de l'inégalité biologique : l'inégalité des dons hérités génétiquement. L'inégalité sociale dûe aux hasards de la naissance et de l'éducation est entièrement différente.

Concrètement, il y a deux types d'inégalité génétique humaine : Premièrement, il y a l'inégalité de simple différence. Certaines personnes sont blondes, d'autres sont brunes ; certaines sont grandes et minces, d'autres sont trapues et petites ; certaines ont un don naturel pour la musique, d'autres pour les sports ; certaines sont introspectives, d'autres sont pratiques et extraverties. En fait, on peut affirmer que jamais deux êtres humains, avec la seule exception de jumeaux identiques, ne sont biologiquement égaux, c'est-à-dire ne possèdent une même constitution génétique, si bien que pratiquement, la différence biologique est universelle. En outre, l'étendue et le degré de la variété génétique dans l'espèce humaine sont plus grands que dans aucune autre espèce animale. Ceci est dû en grande partie à l'un des traits biologiques distinctifs de l'homme : sa différenciation locale en races ne se poursuit jamais jusqu'à donner naissance à des espèces séparées et à la stérilité des métis, comme dans le cas de presque tous les autres organismes, mais elle a toujours été suivie de migrations et de croisements. Quelle qu'en soit la cause, ce haut degré de variabilité est un fait, et un fait d'une importance considérable dans l'évolution.

Deuxièmement, il y a la différence de qualité ou de niveau. Les êtres humains ne sont pas égaux, en ce qui touche à diverses qualités désirables. Quelques-uns sont forts, d'autres faibles ; quelques-uns ont une bonne santé, d'autres sont des malades chroniques ; quelques-uns vivent longtemps, d'autres meurent jeunes ; quelques-uns sont brillants, d'autres obtus ; quelques-uns sont fort intelligents, d'autres le sont peu ; quelques-uns ont le don des mathématiques, d'autres ne l'ont pas du tout ; quelques-uns sont aimables et bons, d'autres cruels et égoïstes.

Généralement, il n'est pas facile de déterminer dans quelle proportion cette seconde sorte d'inégalité est dûe à l'hérédité et par conséquent nous intéresse ici et dans quelle proportion elle est dûe au milieu physique et social. Mais dans la plupart des cas nous savons maintenant, et dans presque tous nous pouvons être à peu près sûrs, qu'au moins une partie de la différence est d'origine génétique. C'est là un fait certain lorsqu'il s'agit, par exemple, de la durée de la vie, de la force physique, et, ce qui importe plus à notre étude, des dons intellectuels—à la fois des aptitudes spéciales comme le don des mathématiques, ou générales comme l'intelligence ; c'est également un fait fort probable lorsqu'il s'agit de certains aspects des qualités morales, bien que dans ce cas les données soient plus complexes.

Il est donc très important de préserver la diversité humaine ; tous les efforts faits pour la limiter, soit en essayant d'obtenir une plus grande "pureté" et par conséquent une plus grande uniformité d'une prétendue race ou d'un groupe national, soit en tentant d'exterminer l'un quelconque des larges groupes raciaux qui donnent à notre espèce sa grande diversité, sont scientifiquement faux et s'opposent à longue échéance au progrès de l'humanité. L'Unesco devrait viser au contraire à assurer au fonds commun la plus grande contribution possible de tous les groupes raciaux qui, jusqu'ici ont été peu représentés, soit parce qu'ils sont éloignés, soit parce qu'ils sont arriérés. Puisque des croisements raciaux de grande envergure pourraient soulever des difficultés sociales trop grandes pour en permettre l'utilisation délibérée et en grand en tant que moyen d'accroître encore l'étendue de la variété génétique humaine, il faut évidemment que nous tirions le plus grand parti possible de la variété qui existe déjà.

Le fait de la différence humaine a encore pour l'Unesco une autre signification. On devrait encourager le plus possible l'étude des types psycho-physiologiques distincts. Ce travail, commencé par des hommes tels que Kretschmer, Draper, et Sheldon, a besoin d'être poussé beaucoup plus loin avant que l'on puisse en tirer des générali-sations suffisamment sûres. Mais lorsqu'on pourra le faire, cependant, elles seront de la plus haute importance. Elles seront précieuses par exemple dans le choix d'une profession ; elles permettront de choisir ceux qui ont le plus de chances de profiter d'une certaine formation ou ceux à qui convient le mieux tel ou tel genre de travail. Par contre, nous serons alors à même de décréter que l'on doit interdire à certains types d'hommes certains types de profession.

Résultat encore plus important, l'étude de ces types psychophysiologiques permettra de comprendre plus profondément les variations de la nature humaine ; nous pourrons ainsi sans risque d'erreur refuser toute valeur de vérité aux idées professées par des hommes appartenant à tel ou tel type. C'est ainsi qu'il semble déjà certain que les fanatiques et les moralistes doctrinaires intolérants appartiennent généralement au type baptisé *asthénique* par Kretschmer ; il n'est pas douteux que le moment viendra où nous pourrons dire de façon plus précise qu'une variété particulière du type asthénique est spécialement prédisposée à moraliser avec intransigeance par suite d'un complexe de culpabilité exagérée s'alliant à une tendance à l'introversion, et que par conséquent il faut empêcher les individus de ce type de se livrer à leur vocation probable de s'ériger en censeurs des mœurs ou d'avoir, d'une façon ou d'une autre, la responsabilité du châtiment des délinquants. Nous pouvons peut-être envisager également la perspective de relier une des variétés du type pycnique de Kretschmer avec une forme banale de l'extraversion pratique. Dans ce cas, il faut prendre beaucoup de précautions lorsqu'il s'agira de faire accéder des hommes d'un tel type occupant un poste administratif ne demandant pas d'initiative (qu'ils rempliront probablement d'une façon satisfaisante) à des postes nécessitant des qualités d'imagination et de généralisation intellectuelle.

Il nous reste à examiner le deuxième type d'inégalité. Ses conséquences sont entièrement différentes ; en effet ,alors que la variété est en elle-même désirable, l'existence d'être débiles, de crétins et d'anormaux ne peut être que mauvaise. Il est d'autre part beaucoup plus difficile de concilier politiquement cette inégalité avec la doctrine démocratique ordinaire de l'égalité. En conséquence, on doit formuler de façon différente le principe de l'égalité des chances et dire "*l'égalité des chances dans les limites de l'aptitude.*" Ainsi, c'est un fait, si désagréable soit-il, qu'un pourcentage considérable de la population n'est pas capable de tirer profit d'une éducation supérieure ; mais nous reviendrons à ceci plus tard. C'est aussi un fait qu'un pourcentage considérable de jeunes gens sont réformés du service militaire pour des raisons de débilité physique ou d'instabilité mentale, souvent d'origine génétique. De plus, de nombreuses personnes ne sont pas assez intelligentes ou assez honnêtes pour qu'on puisse leur confier des responsabilités politiques—ce qui, malheureusement, n'empêche pas un grand nombre d'entre elles de les assumer.

Concilier le principe d'égalité démocratique avec le fait de l'inégalité biologique est une des tâches principales qui s'imposent au monde, une tâche dont l'urgence ira croissant au fur et à mesure que nous progresserons vers la réalisation pratique de l'égalité des chances. Il faudra, pour faciliter cette conciliation, faire largement l'éducation du public et se livrer aussi à de nombreuses recherches nouvelles. L'Unesco peut et doit coopérer à la réalisation de ces deux tâches.

L'inégalité biologique est évidemment le fondement de l'affirmation de tout l'eugénisme. Mais on se ne rend généralement pas compte que les deux types d'inégalité ont pour l'eugénisme des conséquences absolument différentes et même contraires. L'inégalité de simple différence est désirable, et la préservation de la variété humaine devrait être l'un des deux buts principaux de l'eugénisme. Mais l'inégalité de niveau ou de degré est indésirable, et le deuxième but essentiel de l'eugénisme devrait être l'élévation du niveau moyen de toutes les qualités désirables. Tandis que des divergences peuvent se manifester au sujet de certaines qualités, il ne peut y en avoir aucune sur un certain nombre des plus importantes, telle qu'une constitution saine, un haut degré d'intelligence générale innée ou une aptitude spéciale pour les mathématiques par exemple, ou pour la musique.

A l'heure actuelle, il est probable que l'effet indirect de la civilisation, loin de favoriser l'eugénisme, lui est contraire, et, de toutes façons, il semble vraisemblable que le poids mort de la stupidité génétique, de la débilité physique, de l'instabilité mentale et de la tendance aux maladies, qui existe déjà dans l'espèce humaine, s'avèrera un fardeau trop lourd pour permettre la réalisation d'un progrès réel. Ainsi, bien qu'il soit indéniable que tout programme radical d'eugénisme sera politiquement et psychologiquement impossible pendant de nombreuses années encore, il est extrèmement important pour l'Unesco de s'assurer que le probème eugénique soit étudié avec le plus grand soin et que l'opinion publique soit informée de tout ce qu'il met en jeu, de manière que ce qui est maintenant inconcevable puisse au moins devenir concevable.

Mais, bien que l'une des tâches de l'Uneso soit de se faire une opinion précise sur les problèmes fondamentaux, elle doit également s'attaquer à un certain nombre de travaux concrets et immédiats, et cela dans plusieurs domaines. Le chapitre suivant est consacré à un examen général de ces domaines d'action et à un exposé des principes qui devront guider l'Unesco dans les travaux que son programme d'action immédiate comporte.

CHAPITRE II

LA PORTEE DU PROGRAMME DE L'UNESCO

LA PORTEE DU
PROGRAMME DE L'UNESCO

INTRODUCTION

Ces considérations nous ont entraînés fort loin. Nous avons été conduits à reprendre depuis ses débuts l'histoire du monde, à retracer les tentatives et les déceptions, les succès et les échecs de la vie et, en particulier, la longue chaîne ténue mais ininterrompue du processus de l'évolution grâce auquel, nous autres hommes, avons atteint la position unique que nous occupons actuellement. Nous avons dû envisager également les possibilités de l'avenir éloigné et nous rendre compte que, si nous voulons parvenir à nos destinées les plus hautes (qui sont en même temps celles de la vie elle-même), il nous faut trouver le moyen d'ajouter de nouveaux maillons à cette chaîne ascendante du progrès, mais en procédant cette fois de manière nouvelle, conscients des dangers que court l'évolution future si nous nous écartons de la bonne direction.

Ces considérations nous ont également permis d'asseoir plus solidement et de comprendre de manière plus précise les principes démocratiques de l'égalité, du respect de la dignité humaine, du primat de l'individu sur l'Etat et elles nous ont permis de nous faire une idée des lignes de conduite à suivre pour l'organisation sociale et internationale.

Il nous faut maintenant en venir à une tâche plus concrète et plus immédiate : la discussion du programme que l'Unesco espère réaliser au cours des premières années de son existence. Mais nous verrons conbien il est utile de pouvoir, pour mener à bien cette tâche, s'appuyer constamment sur cette philosophie de l'évolution et sur les idées qui s'en dégagent.

Les grands buts visés par notre programme ont été, il est bon de s'en souvenir, exposés dans la Convention de l'Unesco et comprennent l'établissement de la paix et de la sécurité dans le monde, la coopération entre les nations et le développement du bien-être humain ; certains de ces buts ont été définis de manière plus précise encore dans la Convention et touchent à la mise en oeuvre des principes de dignité, d'égalité et de respect mutuel entre les hommes, au respect de la justice et de la loi, et à celui des droits et des libertés fondamentales de l'homme, tels que les définit la Charte des Nations Unies.

Mais nous avons déjà beaucoup parlé dans notre précédente discussion de ce que de tels objectifs impliquent de manière générale. Il nous faut maintenant en arriver au contenu même du programme. L'Unesco, par définition, d'après son titre même, doit s'occuper d'Education, de Science et de Culture ; et, suivant les termes de sa Convention, elle est expressément chargée d'assurer la diffusion des informations en se servant pour cela de tous les organes d'information des masses—autrement dit de la presse, du cinéma, de la radio et de la télévision.

Il nous faut maintenant examiner ces grandes questions et voir comment l'Unesco devra les aborder et les traiter. Mais nous ferons auparavant une ou deux remarques générales. Tout d'abord, il est évident que le mot *Science* ne doit pas être pris dans le sens étroit qu'on lui donne parfois dans les pays de langue anglaise lorsqu'on l'applique uniquement aux Mathématiques et aux Sciences de la nature ; il doit être pris dans une acception aussi large que possible, de manière à couvrir toutes les grandes activités intellectuelles de l'homme, tout le domaine du savoir et de la connaissance. Ce terme de "Science" englobera donc les Sciences de la Nature, les Sciences Sociales et les Humanités ou, suivant la terminologie fort logique employée par les Allemands, *Naturwissenschaft*, *Sozialwissenschaft* et *Geisteswissenschaft*. Il s'étendra donc à toutes les matières, des mathématiques à la théologie, de la physique à la philosophie, et embrassera des sujets tels que l'histoire et la sociologie, l'archéologie et l'étude des littératures classiques, aussi bien que la chimie ou la bactériologie, la géologie ou la psychologie sociale. En outre, comme nous le verrons dans un instant, l'Unesco devra faire porter ses efforts non seulement sur la poursuite de la science, mais aussi sur ses applications.

Le mot *Culture* est, lui aussi, employé dans notre titre avec un sens large. Il s'applique en premier lieu à tous les arts de création, y compris la littérature et l'architecture, la musique et la danse, la peinture et les autres arts plastiques et il embrasse également les applications de ces arts : décoration, dessin de fabrique, aménagement des villes et des campagnes, etc. . .

Il peut en second lieu s'appliquer à la culture même de l'esprit— culture tendant à développer les goûts et les facultés de l'homme, à lui faire connaître les oeuvres intellectuelles et artistiques de notre temps et du temps passé, à lui donner quelque connaissance de l'histoire, à le familiariser avec les idées et avec le maniement des idées, à le doter d'une certaine dose de jugement, de sens critique et de personnalité. C'est dans ce sens que l'on peut parler du niveau de culture plus ou moins élevé d'une collectivité.

Enfin ce terme de "culture" peut être employé dans le sens le plus large de tous, le sens anthropologique et sociologique ; il désigne alors tout l'appareil matériel et mental qui caractérise une société donnée.

Il est évident que l'Unesco doit s'intéresser aux arts, puisqu'ils constituent pour l'individu et pour la société des moyens d'expression dont on ne saurait se passer et puisqu'ils sont indispensables à l'enrichissement et au plein développement de la personnalité. Elle doit aussi s'intéresser à la culture dans le second sens que nous avons donné à ce mot, puisque les régions qui sont en retard au point de vue culturel constituent, de même que celles qui sont en retard au point de vue de la Science et de l'Education, un poids mort pour le reste du monde et un obstacle au progrès souhaité par l'Unesco.

L'Unesco enfin s'occupera forcément de la culture dans le troisiéme sens du terme, celle-ci constituant un objet d'étude pour la Section des Sciences sociales. Mais elle devra aussi, jusqu'à un certain point, considérer en elle-même la culture ainsi entendue, de même que, s'intéressant à l'art, elle devra voir en celui-ci une activité créatrice et non pas seulement un sujet d'étude historique ou d'analyse. Dans la mesure ou la civilisation matérielle, les croyances et les idées qui règnent dans une société peuvent influer sur les progrès de cette société en matière d'éducation, de science et d'art, porter atteinte à son évolution future ou au développement de son bien-être ou la rendre dangereuse pour la paix et la sécurité du monde, l'Unesco a le devoir de s'y intéresser, même si elle n'a pas le moyen d'intervenir directement dans certaines questions relevant essentiellement de la juridiction intérieure du pays considéré.

LES APPLICATIONS DE LA SCIENCE ET DE L'ART

Enfin, et c'est là un fait général auquel nous avons déjà fait allusion—l'Unesco ne saurait faire montre d'exclusivisme intellectuel et se cantonner dans le seul domaine de la science pure et des beaux-arts. Elle ne saurait le faire parce qu'elle a le devoir de s'intéresser à l'humanité tout entière et non pas seulement aux spécialistes, à l'élite cultivée et à quelques privilégiés ; elle est expressément chargée de faire progresser un idéal tendant à donner à tous des chances égales d'éducation ; ce but ne pourrait être atteint si l'Unesco ne s'intéressait à la science et aux arts que pour encourager l'homme de science et l'artiste ou pour procéder à des études savantes sur leurs oeuvres. Il y a une autre raison pour laquelle elle ne saurait agir ainsi, c'est qu'elle est expressément chargée par sa Convention "d'aider au progrès de la prospérité commune de l'humanité." Or, l'accroissement de la prospérité humaine dépend surtout de l'application judicieuse des sciences—sciences physiques, biologiques, psychologiques et sociales—et aussi, dans le domaine des satisfactions spirituelles, de l'application des arts.

L'Unesco doit donc s'efforcer d'assurer aux sciences et aux arts à la fois le développement le plus large et les applications les plus complètes. Elle n'a naturellement ni le droit ni le désir de s'occuper dans le détail des problèmes d'alimentation ou d'agriculture, de médecine ou d'hygiène, si étroitement liés que soient ces problèmes aux applications de la science, puisque d'autres institutions des Nations Unies ont été spécialement créées pour les résoudre. Mais elle a le devoir de s'intéresser aux questions scientifiques qui sont à la base de ces problèmes ; elle devra par conséquent mettre au point le système voulu pour relier entre elles, avec une définition nette de leurs fonctions individuelles, l'Unesco elle-même, l'O.A.A. et l'Organisation internationale d'Hygiène. Une tâche analogue incombe également à l'Unesco en ce qui concerne certaines autres applications qui touchent au bien-être des travailleurs et relèvent par suite de l'Organisation Internationale du Travail ou qui, présentant un intérêt militaire, sont de la compétence de la Commission de l'Energie Atomique du Conseil de Sécurité.

91

Il est en outre évident que les problèmes pratiques qui ont trait aux questions économiques, à la structure sociale et au bien-être rentrent, s'ils ont à être traités par un organisme international, dans la domaine du Conseil Economique et Social ; et que certains problèmes d'anthropologie sociale, tels que la prise de contact avec le culture ou le passage d'un type de culture à un autre, problèmes qui touchent non seulement aux sciences appliquées, mais aussi à l'art, à la littérature et à l'éducation, relèveront essentiellement du Trusteeship Council et de la Section qui, au Conseil Economique et Social, s'occupe des peuples non autonomes.

Mais ce chevauchement, loin d'empêcher l'Unesco de s'intéresser d'une manière générale aux applications des sciences et des arts, l'oblige au contraire impérieusement à s'en occuper et à s'en occuper d'une manière particulière. Les institutions et organismes des Nations Unies que nous avons mentionnés plus haut sont en effet chargés de résoudre certains problèmes particuliers, dont certains sont assez larges et dont d'autres sont plus spéciaux. A l'Unesco seule incombe la vaste tâche d'étudier et d'encourager les activités les plus hautes de l'homme, de favoriser leurs applications et de poursuivre cette oeuvre de façon coordonnée en vue de buts définis.

Ce que l'Unesco peut faire dans ce vaste domaine de l'application de la science créatrice et de l'art créateur, c'est donc d'étudier les problèmes en liaison les uns avec les autres, de s'efforcer de faire prévaloir les meilleures méthodes pour mettre la théorie en pratique et de veiller à ce que l'on fasse des sciences et des arts une application judicieuse. En employant ici les mots "meilleures" et "judicieuse," nous ne nous plaçons pas uniquement au point de vue technique et nous ne songeons pas uniquement à l'efficacité immédiate. Nous donnons à ces mots un sens qui implique un véritable jugement de valeur. Il est possible d'exploiter de nouvelles méthodes d'agriculture d'une manière qui, à la longue, se révèle désastreuse, du fait qu'elle entraîne l'épuisement du sol ou l'érosion ; on peut également exploiter de telles méthodes d'une manière qui, si elle est bonne au point de vue technique, est mauvaise au point de vue social—du fait qu'elle entraine la surpopulation, qu'elle ruine la beauté naturelle des sites, qu'elle provoque la disparition de certaines espèces végétales ou animales particulièrement intéressantes ou qu'elle crée une classe agricole défavorisée ayant un niveau de vie particulièrement bas. Il est possible également de se consacrer trop entièrement à l'exploitation de certaines découvertes d'ordre mécanique, physique ou chimique et de nuire ainsi à l'intérêt suscité par les arts ou aux facultés qui permettent à l'homme d'apprécier dans la vie de chaque jour les manifestations de la beauté ou de la création artistique en tant qu'activité humaine. L'effet contraire n'a, lui aussi, que trop tendance à se manifester lorsque les préjugés religieux ou l'obscurantisme en matière de culture dressent des obstacles en face de la recherche scientifique et empêchent l'application bienfaisante des connaissances nouvellement acquises.

Là encore, nous nous trouvons dans un domaine qui ne relève directement ou expressément d'aucune autre institution. Aucune autre institution des Nations Unies n'est chargée de donner aux arts leur application la plus complète et la meilleure ou de veiller à la satisfaction des besoins de jouissance esthétique de l'homme—jouissance qui peut résulter de la contemplation des paysages naturels, de celle du mobilier de la vie courante, de celle de bâtiments ou de cités, ou encore de l'appréciation de grandes oeuvres artistiques, musicales ou littéraires. Il n'y a pas non plus d'autre institution qui, dans le domaine des sciences, s'occupe d'applications aussi importantes que celles qui tendent à discipliner l'esprit pour lui permettre d'arriver à l'expérience dite mystique ou à d'autres degrés élevés de satisfaction spirituelle ; il n'y en a pas qui s'occupe de l'application de la psychologie à la technique du gouvernement ou qui cherche à empêcher le mauvais usage ou l'exploitation du système démocratique.

Dans ce domaine général l'Unesco doit donc poursuivre trois objectifs principaux. Elle doit d'abord chercher à découvrir quelles sont celles des applications des sciences et des arts dont ne s'occupe aucune autre institution des Nations Unies et elle doit choisir parmi ces applications celles qu'elle juge le plus important d'encourager ou d'étudier. Elle doit ensuite considérer la question de l'application pratique des sciences et des arts, en tant que cela constitue un problème social, rechercher quelles sont les raisons qui retardent parfois cette application, qui l'empêchent de porter ses fruits ou qui la dévient de la bonne voie et voir quels sont les effets d'une précipitation ou d'une lenteur exagérée. Une telle étude devrait permettre de perfectionner de manière notable la technique de l'application, perfectionnement dont la nécessité se fera sentir chaque jour davantage au fur et à mesure que se développeront les connaissances scientifiques et que s'accroîtra la complexité sociale. Enfin, son troisième objectif, celui qui est peut-être le plus difficile à atteindre, mais aussi le plus important, devrait être de relier les diverses applications des sciences et des arts et de les placer dans une échelle de valeurs de manière à pouvoir, dans chaque domaine, ne passer à l'application que dans la mesure voulue et à la vitesse convenable. Si cette étude était effectuée de manière satisfaisante et si l'on voulait bien tenir compte de ses résultats, on aurait fait un grand pas en ce qui concerne la découverte de la direction à donner à l'évolution humaine—autrement dit au bonheur humain véritable—.

L'EDUCATION

Nous pouvons maintenant examiner les grandes questions dont l'Unesco a à s'occuper, car ce n'est que si elle comprend pleinement la nature, les buts et les possibilités de certaines grandes activités et de certains grands aspects de la vie humaine que l'Unesco peut espérer arriver à mettre au point un programme détaillé.

L'Education (si l'on met à part les quelques exemples rudimentaires qu'on en trouve chez les mammifères inférieurs et chez les oiseaux) est une activité spécifiquement humaine ; sous sa forme la plus évoluée et considérée en tant que processus social, elle est réservée strictement à l'homme. C'est le processus au moyen duquel le savoir, l'habileté, la technique, l'intelligence, les idées, les attitudes émotionnelles et spirituelles se transmettent d'individu à individu et de génération à génération. Elle joue aussi un rôle essentiel dans le processus par lequel les aptitudes latentes de l'individu peuvent se manifester et se développer au maximum. Le terme d'éducation s'entend dans le sens large d'éducation des adultes et d'éducation de soi-même aussi bien dans le sens étroit de l'enseignement et de la formation professionnelle. L'éducation constitue un domaine à part avec ses méthodes propres, un art dans lequel on est sur le point de substituer une base scientifique à des données empiriques ou à des jugements à priori. Mais on n'a pas encore examiné de manière complète les bases scientifiques à donner à l'éducation et ce qui a jusqu'à présent été découvert n'est ni assez largement connu ni appliqué de la manière voulue. C'est, en outre, un domaine qui n'a pas encore été étudié de manière convenable sur le plan international et dont on ne peut encore qu'à peine deviner les possibilités internationales.

Dans cet état de choses il est évident que l'Unesco doit adopter certains principes généraux concernant l'éducation,—non seulement des principes visant à pourvoir l'être humain qui grandit, du moyen de gagner sa vie, ou à le rendre capable de tenir sa place dans la collectivité ou dans la société où il est né, mais aussi certains autres principes dont l'absence se fait sentir dans bien des systèmes passés ou présents d'éducation.

Le premier de ces principes serait le suivant ; l'éducation peut être et devrait être continuelle ; l'esprit est capable de se développer pendant toute la vie et il faudrait prévoir des moyens susceptibles d'aider à sa croissance, c'est-à-dire des méthodes d'éducation pour les adultes de tout âge et non pas seulement pour les enfants ou les jeunes gens.

Le second principe est que l'éducation a une fonction sociale aussi bien qu'une fonction individuelle, qu'elle est pour la Société, dans son ensemble, un des moyens de prendre conscience de ses traditions et de son destin et de s'adapter à des conditions nouvelles tout en lui insufflant un esprit nouveau pour de nouveaux efforts vers la pleine réalisation de ses fins.

Le troisième principe est que les recherches scientifiques sont capables de faire progresser la technique de l'éducation dans une très large mesure et, qu'en conséquence, l'Unesco doit encourager de son mieux les recherches dans ce domaine et la propagation intégrale de leurs résultats.

Il faut ajouter, étant donné que le monde d'aujourd'hui est en voie de réaliser son unité et qu'un des buts principaux de l'Unesco doit être d'aider à la réalisation rapide et pleinement réussie de cette évolution, le principe selon lequel l'Unesco doit accorder une attention spéciale à l'éducation internationale; à l'éducation en tant que remplissant une fonction dans une société mondiale s'ajoutant à ses fonctions adaptées aux sociétés nationales, aux groupements régionaux ou religieux ou intellectuels, ou aux collectivités locales.

Un autre principe affirme que l'éducation doit chercher, non seulement à conférer aux individus le savoir, des compétences, des habitudes et certaines manières de voir, mais aussi doit faire surgir et s'épanouir leurs qualités et aptitudes naturelles, pour les aider à réaliser ce qu'elles contiennent en puissance, dans la plus large mesure possible.

Et, enfin, le principe selon lequel l'éducation ne doit pas se borner aux objectifs qui présentent, tant pour l'individu que pour la société, un caractère pratique, au sens restreint du terme, qui signifie avoir une utilité immédiate. Au contraire, elle doit comprendre, dans son domaine, des activités qui sont estimées pour elles-mêmes, que ce soit dans la sphère intellectuelle, esthétique ou morale, la connaissance pour la joie de connaître, la découverte pour le plaisir de découvrir, la beauté parce qu'elle est belle, l'art, la musique et la littérature pour leur pouvoir d'émouvoir l'esprit humain, la moralité pour mener une vie bonne et honnête, la noblesse de caractère parce qu'elle est une fin en soi.

Ceci n'implique d'ailleurs pas que de telles activités ne puissent pas, aussi, être utiles aux individus et avoir de l'importance pour les sociétés : il s'agit simplement de rappeler qu'elles ont de la valeur pour elles-mêmes et en elles-mêmes et que, pour cette raison, il faut leur donner une place dans le cadre de notre programme sur l'éducation.

Comme exemple des problèmes qui devraient, sans tarder, trouver une place dans le programme d'éducation de l'Unesco, nous pouvons mentionner les projets particuliers suivants.

Tout d'abord, la lutte contre l'analphabétisme. Il faut donner à cette question une des toutes premières priorités, en vertu de notre principe général d'après lequel une partie importante des efforts que nous ferons dans tous les domaines devrait être consacrée à répandre la lumière sur les "zones obscures" du monde.

Il le faut aussi en particulier, parce que l'instruction est une condition préalable du progrès scientifique et technique et de ses applications au bien-être général en améliorant l'état de santé général, en procurant un rendement agricole supérieur et une industrie plus productrice ; c'est une condition de l'éveil intellectuel complet et du développement mental, une condition de la conscience politique et sociale qui est la base nécessaire de la démocratie et du progrès de la société ; c'est enfin la condition nécessaire du sens international et de la connaissance des autres nations.

A la réflexion, cependant, on s'aperçoit très vite qu'une campagne contre l'analphabétisme n'est pas, à elle seule, suffisante. Elle doit être rattachée au système général de l'éducation et, si elle est appliquée aux illettrés ayant dépassé l'âge scolaire, elle doit être associée à l'éducation sociale générale, surtout pour ce qui concerne la santé, les méthodes courantes de l'agriculture, et l'éducation civique. C'est pourquoi, dans le programme de l'Unesco, les efforts contre l'analphabétisme sont intégrés à une étude plus complète sur les principes de l'éducation.

Le problème de l'analphabétisme ne fait pas seulement ressortir la nécessité d'éviter une manière étroite d'envisager le sujet, mais montre aussi le danger qui résulterait du manque de discernement et de largeur d'esprit. Enseigner la lecture et l'écriture n'est pas une condition suffisante pour garantir les avantages mentionnés ci-dessus, même si elle en est une condition nécessaire. Assurément, pour un certain nombre de personnes, la lecture ne représente guère qu'un *nouveau passe-temps, une nouvelle drogue de l'esprit, de nouveaux moyens d'éviter l'effort intellectuel, de nouvelles formes d'évasion,* tout cela grâce aux journaux et aux magazines à bon marché et à la majorité des films, et elle n'oriente nullement les hommes vers les trésors accumulés de la sagesse et de l'art et vers une jouissance plus complète de la réalité ou une compréhension plus profonde de la nature et de la vie humaine.

Lorsqu'on a enseigné aux gens à lire et à écrire, on n'atteint pas nécessairement à la démocratie ou, même si l'on y parvient, on ne lui imprime pas forcément la meilleure direction. L'Allemagne nazie n'a montré que trop clairement comment un des peuples les plus instruits du monde a pu être détourné de la bonne voie et entraîné dans une évolution anti-démocratique ; et dans les pays démocratiques, les tripotages de la presse et l'asservissement de la littérature et du cinéma à des buts financiers ou politiques ne sont que trop possibles. Et enfin, si on aide ainsi à susciter l'éveil du sens international, et la connaissance de la vie internationale, ceci n'engendrera pas non plus nécessairement la paix et le bon vouloir international. Dans certains cas, par exemple, au sujet de l'Allemagne nazie, une connaissance plus poussée ne ferait peut-être que diminuer le bon vouloir. En outre, le savoir risque facilement d'être un savoir incomplet et de procurer des informations déformées, et c'est là une des sources les plus fécondes du mauvais vouloir international.

Ici, par conséquent, ainsi que dans presque tous les autres projets particuliers de notre programme, nous aurons à aborder le sujet sous son angle le plus large, en embrassant toutes ses conséquences et tout ce qu'il implique ; et la valeur d'une organisation qui, comme l'Unesco, de par sa convention, doit avoir un domaine très large et se préoccuper de toutes les activités les plus élevées de l'homme, est une fois de plus démontrée.

En outre, nous ne devons pas oublier notre principe général selon lequel la qualité doit compter autant que la quantité. Il ne faudrait pas, par exemple, que l'Unesco consacrât tous ses efforts à la tâche qui consiste à vouloir élever le niveau de l'éducation, chez les populations les moins avancées du monde. Le monde ne peut pas durer, encore moins progresser, sans des techniciens et des spécialistes de formation très poussée, sans des universités destinées à former des professeurs ou des personnes chargées de former des professeurs, sans des hommes et des femmes instruits qui doivent lui assurer des administrateurs, des personnages politiques et des hommes d'Etat. Pour ne prendre qu'un exemple, d'après une étude officielle récente, le nombre de savants dont on disposera en Grande Bretagne dans le proche avenir sera de loin, inférieur aux besoins, à moins que des mesures ne soient prises pour en former davantage. Le nombre actuel de savants qualifiés en Grande Bretagne, est d'environ 55.000 et le nombre de diplômés scientifiques formés annuellement est voisin de 2.500. Le chiffre minimum jugé nécessaire à la Grande-Bretagne en 1955 est de 90.000 : pour l'atteindre, il faudra doubler le nombre de savants formés chaque année.

L'Unesco devrait encourager des études de ce genre dans chaque pays, et pour chaque catégorie de spécialistes,—que ce soient des spécialistes des sciences sociales ou des architectes, des médecins ou des hommes de loi, des artistes ou des philosophes—et devrait s'efforcer de combler les lacunes que sans aucun doute la plupart de ces études révèleront.

Le problème de la qualité doit être aussi abordé en prenant un point de départ opposé—la qualité de la matière première humaine, qu'il convient de former par une éducation non-spécialisée. Il sera très vite nécessaire de tenir compte du fait qu'une certaine fraction seulement des populations humaines, quelles qu'elles soient, se trouve dotée par hérédité de la capacité de tirer un bénéfice total ou même raisonnable d'une instruction supérieure ou professionnelle complète. Jusqu'à une époque tout à fait récente ce fait ne s'imposait pas, pour la simple raison que cette fraction est très grande, et que le problème a été négligé dans une large mesure par les systèmes d'éducation existants. Mais ce fait a été rendu pleinement évident par l'extension qu'a prise l'accès aux sphères supérieures de l'éducation dans certaines contrées comme c'est le cas, par exemple, dans certaines universités d'Etat et dans certains collèges aux Etats Unis et dans les Dominions britanniques, où l'enseignement supérieur est considéré comme un droit pour quiconque le désire, car un nombre exagérément grand d'élèves (quelquefois même une majorité de ceux qui ont été reçus à l'entrée) ne se trouvent pas qualifiés pour poursuivre des études à la fin de leur première année.

Le fait a aussi été mis en relief par l'extension qu'ont prise les tests sur l'intelligence, certaines autorités dans ce domaine allant jusqu'à soutenir que seulement 10 à 20% de la population sont capables de profiter d'un cours d'Université. Même si cette estimation particulière est presque certainement au dessous de la réalité, on ne peut émettre aucun doute sur ce fait fondamental. Ceux qui peuvent tirer profit de la préparation d'un diplôme universitaire actuel, ne représentent qu'un certain pourcentage, que ce pourcentage soit de 20, de 40 ou même de 60% : pour les autres, les efforts accomplis ne sont qu'un gaspillage de leur jeunesse, du temps et du talent des professeurs d'Université, et des deniers publics.

Plus l'Unesco réussira dans la tâche qui lui est expressément assignée et qui consiste à favoriser l'égalité des chances d'accès à l'enseignement, plus cet état de choses regrettable sera apparent. Il est donc urgent, pour l'Unesco, d'encourager l'étude exacte de la répartition de l'intelligence et des autres aptitudes à l'instruction, parmi un aussi grand nombre de gens que possible. Ce n'est que lorsque ce travail sera accompli de manière satisfaisante qu'on pourra préparer convenablement l'élévation du degré d'instruction. Un tel système s'acquittera des fonctions qui sont maintenant, pour une grande part, assumées par les établissements actuels tels que les Universités, les Grandes Ecoles et les Ecoles techniques, etc., qui se proposent de former des chefs dans le domaine de la pensée et pour la conduite des affaires, des professeurs, des médecins, des architectes, des hommes de loi et des membres d'autres professions libérales, des administrateurs, des spécialistes et des techniciens de hauts grades dans toutes les sphères. Mais il devrait aussi comprendre, nous pouvons le supposer, des dispositions pour certains types nouveaux d'instruction supérieure destinés à ceux dont le coefficient intellectuel et les aptitudes sont quantitativement inférieurs, qui désirent pourtant ou que la société désire voir consacrer une certaine période, au sortir de l'adolescence, à poursuivre leur instruction au lieu de gagner leur vie. Et, lorsque le moment sera venu, l'Unesco devra évidemment aider à établir, à la fois quant au contenu et quant aux méthodes, les conditions requises par ce type nouveau d'instruction supérieure.

Mais le problème de la qualité ne concerne pas seulement le degré d'intelligence ; il concerne aussi des différences dans les aptitudes innées et dans les types de tempérament. On sait parfaitement, par exemple, que les aptitudes pour les mathématiques et la musique ont une base génétique, de même que l'aptitude aux arts plastiques, à l'histoire naturelle, à la mécanique, etc. Il sera important pour l'Unesco d'aider à élaborer des méthodes appropriées pour déterminer le degré des aptitudes spéciales de cette nature, et plus tard de faire entrer dans les systèmes d'éducation de l'avenir les faits ainsi découverts.

En outre, les tempéraments peuvent prédisposer à tel métier ou l'interdire. Les pédagogues ont attiré l'attention, par exemple, sur le problème spécial que présente la sensibilité de l'adolescent, qui est souvent doué aux points de vue intellectuel et affectif mais que son excès de sensibilité pousse souvent à manquer de confiance en soi, à se tenir à l'écart de la vie du groupe, à douter de sa capacité lorsqu'il s'agit de questions pratiques ou de responsabilités sociales. Il en résulte qu'un grand nombre de personnes de cette catégorie ont tendance à se ranger parmi les pseudo-intellectuels et les dilettantes, ou à s'adonner à des travaux qui n'exigent ni initiative ni responsabilité, alors qu'un grand nombre d'entre eux, si leur éducation avait été vraiment efficace, auraient pu échapper aux effets de leur tempérament, et trouver un emploi où les qualités de sensibilité et de scrupule sont extrêmement désirables (bien que de telles qualités soient souvent rares) dans le fonctionnarisme et la haute administration. A supposer même que ces personnes réussissent dans une carrière intellectuelle, il eût été plus profitable à la société que leur aversion pour les heurts et les à-coups de l'existence ne les aient pas tenu à l'écart des services publics. Mais si l'on veut développer et utiliser au mieux les dons des hommes et des femmes de ce type, il sera nécessaire de procéder à des études spéciales ; et celles-ci devraient aussi trouver place dans le programme de l'Unesco.

Le problème inverse se présente également—celui qui consiste à veiller à ce que le pouvoir ne tombe pas entre les mains de ceux qui ne devraient pas le posséder—ceux qui cherchent le pouvoir pour lui-même, les mégalomanes, les arrivistes, les sadiques, les âpôtres endurcis et grossiers du succès à tout prix. Mais ceci, bien que l'Unesco doive certainement un jour s'en occuper, est un problème plus complexe, et l'un de ceux qui doivent être examinés par les spécialistes des sciences sociales aussi bien que par ceux de l'éducation.

Un autre point que l'Unesco devrait inscrire à son programme aussi tôt que possible, consiste dans l'étude de l'application à l'éducation de la psychanalyse et d'autres écoles de psychologie de l'inconscient. Bien qu'un certain refoulement semble indispensable si l'on veut voir se développer chez l'enfant un sens moral normal et une personnalité complète, il est cependant non moins évident qu'un refoulement excessif s'exerçant au profit d'une seule idée peut provoquer diverses déformations de caractère, un arrêt du développement et, par exemple, un sens hypertrophié du péché qui peut être désastreux pour l'individu lui-même ou pour les autres. Si nous pouvions découvrir quelques moyens pour régulariser le processus de refoulement et ses effets nous serions sans aucun doute en mesure de rendre le monde plus heureux et de lui permettre de mieux fonctionner. Cela signifie qu'il faudrait faire commencer l'éducation au berceau et non plus à l'école maternelle.

Pour conclure sur un problème de caractère plus immédiat, l'Unesco se propose d'encourager de nouvelles études et de nouvelles expériences sur la méthode de discussion en groupe. Chaque conquête de la démocratie, que ce soit dans le domaine de la politique, de l'économie ou de la culture, rend plus nécessaire parmi les populations une prise de conscience générale des problèmes, des tâches et des possibilités qui les affrontent. La discussion en groupe, lorsqu'elle est bien conduite et organisée par des institutions telles que le "Bureau of current Affairs" semble être une des méthodes les plus fructueuses à cet égard, et l'Unesco doit faire une enquête sur ses possibilités dans les différents types de sociétés et à différentes fins spéciales.

Un problème inverse est celui de l'Information, notamment pour le Gouvernement. A l'époque moderne, des institutions de ce genre sont indispensables pour faire l'éducation civique des adultes. Mais elles peuvent facilement dégénérer jusqu'à n'être plus que des organes de justification pour les Ministères et les services, ou bien encore de simple propagande. L'étude la plus minutieuse de leurs usages et de leurs abus, de leurs possibilités et de leurs limitations, entreprise à la fois sous la rapport de l'éducation et sous celui de la science sociale, est d'une grande importance et a un caractère de toute urgence, au stade actuel de l'évolution humaine.

SCIENCE

Le titre de l'Unesco comprend la Science et la Culture aussi bien que l'Education. Ces deux rubriques couvrent la plupart des activités humaines qui possèdent une haute valeur intrinsèque, parce qu'elles ne sont pas principalement ou uniquement des moyens pour arriver à une fin, tels que l'agriculture ou le bâtiment, les transports ou la production industrielle, mais, bien qu'elles doivent toujours avoir le caractère de moyens à certains égards, parce qu'elles sont aussi des fins en soi.

Dans le programme de l'Unesco, nous l'avons vu, la science doit comprendre toutes les formes de la poursuite, de l'organisation et de l'application du savoir. Au cours des quelques derniers siècles, cet ensemble des activités humaines a été de plus en plus dominé par ce que l'on appelle généralement la méthode scientifique. Négativement, ceci implique qu'on rejette l'autorité, qu'elle soit humaine ou divine, qu'elle provienne de la tradition ou de la révélation et aussi qu'on cesse de s'appuyer avant tout sur l'érudition ou la raison pure, voire sur l'ouï-dire ou l'anecdote. Positivement ceci implique tout d'abord le développement d'une méthode vieille comme le monde, la recherche par tâtonnements et l'empirisme, jusqu'à ce qu'elle devienne la recherche scientifique, où les découvertes nouvelles (aussi bien que les idées anciennes) sont régulièrement mises à l'épreuve des faits, par l'*expérience* chaque fois que celle-ci est possible, par l'*observation* ou par l'*analyse mathématique* lorsque l'expérience n'est pas possible ; et ensuite ceci implique le développement des méthodes intellectuelles également immémoriales du mythe, de la rationalisation, et de la logique, jusqu'à ce qu'elles deviennent l'explication scientifique, qui permet d'édifier des théories de plus en plus vastes enveloppant l'ensemble des phénomènes établis, là encore en recourant sans cesse à la pierre de touche des faits, en cherchant sans cesse la confirmation par l'expérience.

Il est maintenant bien établi que la méthode scientifique est le seul moyen sûr d'augmenter à la fois notre connaissance des phénomènes objectifs de la nature, et notre pouvoir d'agir sur eux. Elle est maintenant appliquée de plus en plus, quoiqu'il faille l'adapter à un objet d'étude différent, à l'étude de l'homme, de ses travaux et de ses manières de vivre, et, aux mains des spécialistes des sciences sociales, elle sera à même d'accroître notre connaissance des phénomènes de la vie humaine et sociale, et notre pouvoir d'agir sur eux, de manière presque aussi remarquable qu'elle a pu le faire, et le fait encore, aux mains des spécialistes des sciences de la nature.

"Presque aussi remarquable" : la raison pour laquelle nous ne pouvons nous attendre à un résultat *"tout à fait"* aussi remarquable tient à la différence des faits dont les sciences sociales ont à traiter. Les sciences de la nature s'occupent d'attributs de la réalité extérieure que l'on peut soumettre, en dernière analyse, à l'épreuve de l'observation par le témoignage des sens. On y peut négliger tous les autres attributs, tous les autres rapports possibles : valeurs, émotions, intentions, significations sur le plan général. Il en résulte qu'une part croissante des données brutes de la science sont sous forme de mesures, sous forme quantitative.

De cette méthode quantitative est résulté un recours de plus en plus fréquent à la mathématique, si bien qu'aujourd'hui, dans les sciences aussi évoluées que la physique et, à un degré moindre, la génétique, la raison pure, qui trouve son instrument dans la méthode mathématique, est en mesure de parvenir à de nouvelles conclusions, quelquefois d'une grande complexité, et d'une importance fondamentale, à partir d'un petit nombre de faits et de principes établis.

Comme nous aurons l'occasion de le remarquer plus loin, on ne peut entièrement bannir les valeurs des sciences de la nature : dans certaines branches de la biologie, même si l'on commence par les négliger, elles réapparaissent plus tard avec des résultats assez significatifs. *Naturam expelles furca, tamen usque recurret.* Mais dans les sciences sociales on ne peut les bannir entièrement et il est même dangereux de les négliger temporairement. Même lorsqu'il est possible de mettre les données sociologiques sous une forme entièrement quantitative, comme par exemple dans les statistiques démographiques ou médicales ou dans les rapports économiques, les sentiments, les valeurs et les buts humains doivent être pris en considération si l'on veut soit comprendre convenablement les phénomènes, soit espérer exercer sur eux une action convenable ; or les valeurs sont incommensurables, quelle que soit l'échelle quantitative. C'est ainsi que les statistiques démographiques et leurs analyses mathématiques mettent en lumière un mouvement de population temporairement inévitable. Mais c'est seulement la compréhension des mobiles qui poussent les gens à avoir beaucoup, peu, ou pas d'enfants qui nous aidera à modifier ce mouvement si tel est notre désir ; et ces mobiles dépendent de leur échelle de valeurs.

Il demeure vrai, cependant, que la méthode scientifique est de loin le moyen le plus important dont nous disposons pour augmenter le volume de nos connaissances, le degré de notre compréhension, et la mesure de notre pouvoir en ce qui concerne les phénomènes objectifs. Il demeure vrai, en outre, que les conséquences des découvertes faites dans les sciences de la nature peuvent amener des changements dans la société humaine (y compris souvent des changements dans notre échelle de valeurs) plus grands que n'en peuvent amener tous autres moyens.

La Science, comme on le déclare souvent, avec raison, est par nature opposée aux orthodoxies dogmatiques et aux exigences de l'autorité. Elle se développe, prête à accueillir ou au besoin à réviser toute opinion, par la découverte de faits nouveaux ou par une nouvelle interprétation de faits déjà connus. On oublie quelquefois, pourtant, que cette suspension permanente du jugement, cette humilité intellectuelle, qui ne prétend à aucune explication définitive ou complète, n'implique nullement que la science ne se crée pas ses propres certitudes. La différence entre le dogme, qu'il soit religieux ou philosophique, et la vérité scientifique est la suivante : le dogme pose, quoi qu'on en puisse dire, que tels ou tels faits sont, ainsi que telles ou telles explications, éternellement et complètement vraies, attitude qui suppose que toute recherche ultérieure est par conséquent soit inutile, soit impie. La science, cependant, en s'appuyant sur son expérience féconde, affirme avec confiance que le raisonnement *a priori* n'est pas à même d'atteindre la vérité, que la vérité n'est jamais complète et qu'une explication n'est jamais entièrement valable, ou valable pour l'éternité. D'autre part, la méthode scientifique, dans les limites très étendues où elle peut s'appliquer, conduit régulièrement à une vérité plus grande, à la fois au sens quantitatif d'un plus grand nombre de vérités et au sens qualitatif d'une vérité plus profonde, plus précise, et plus complète.

Elle produit aussi une masse croissante de connaissances éprouvées, qui est permanente et irréfutable. Ceux qui n'aiment pas la science, ceux qui la craignent, affirment que puisque la science est toujours en train de changer d'avis, il n'existe rien qu'on puisse qualifier de certitude scientifique. Une telle vue est pourtant tout à fait incorrecte. Ce sont les grandes théories qui changent, mais non les faits vérifiés que ces théories cherchent à ordonner et à expliquer. Les théories nouvelles peuvent conduire à la découverte de faits nouveaux, mais cela ne modifie pas nécessairement les faits anciens. Elles peuvent conduire aussi à une modification des faits anciens, mais ce n'est jamais un rejet, c'est seulement une correction quantitative, ou le résultat imprévu d'une analyse plus poussée.

C'est ainsi qu'il n'est rien de plus révolutionnaire, dans le domaine de la théorie, que la substitution d'un univers Einsteinien à un univers Newtonien. Mais cela n'a rien changé, pratiquement, à la masse des faits établis selon les principes Newtoniens : trajectoire des projectiles, mouvements des planètes et des marées, etc. La gravitation a cessé d'être ce que supposait Newton, mais les formules Newtoniennes s'appliquent toujours, sauf dans des conditions spéciales et limitées. De même, la découverte de la constitution extrêmement complexe des atomes a amené un changement radical de nos idées sur la structure de la matière. Mais, bien qu'elle ait rendu l'emploi du mot "*atome*" désormais étymologiquement fautif, elle n'a pas infirmé le fait scientifique fondamental découvert par Dalton : à savoir, que la matière est formée de particules et que l'ultime particule isolée de chacun des éléments chimiques est ce que nous continuons d'appeler "*un atome.*"

D'autres éléments vérifiés et permanents dans l'ensemble des connaissances scientifiques, en plus de ceux mentionnés à l'instant, de la mécanique terrestre et céleste et de la structure de la matière en particules, comprennent le fait de l'évolution (opposé à l'idée de création) ; les faits de la combinaison chimique (par opposition à la transmutation des alchimistes) ; le fait de la biogénèse, ou continuité de la substance dans la reproduction (par opposition à la génération spontanée) ; le fait de l'origine microbienne de multiples maladies (par opposition aux exhalations, à la théorie des humeurs, ou du châtiment divin) ; les faits de l'hérédité mendélienne ou chromosomique (par opposition au spermisme, à l'ovisme, aux impressions maternelles, à la télégonie et à tout le monceau de superstitions et de spéculations qui envahissent ce domaine); les faits de la géologie moderne et de la physiographie (par opposition au catastrophisme et au créationnisme) ; les faits du refoulement et de la dissociation psychologique (qu'il s'agisse des interprétations freudiennes, jungiennes ou behaviouristes ou de toute autre base); les faits de la croissance et de la physiologie des plantes (par opposition aux théories magiques des populations agricoles primitives ou aux théories vitalistes des siècles qui ont suivi) et ainsi de suite dans tous les domaines de la connaissance de la nature.

De tels faits peuvent être modifiés et étendus, mais ils ne peuvent être détruits. Bien qu'il ne s'agisse pas de dogmes, on peut peut-être dire qu'ils constituent la doctrine scientifique. L'Unesco doit veiller à ce que ses activités et ses idées ne s'opposent pas à ce corps de doctrine établie, en même temps qu'elle doit encourager l'emploi de la méthode scientifique partout où elle est applicable. C'est ainsi qu'elle ne peut ni ne doit tolérer que la superstition ou les préjugés religieux fassent obstacle à la recherche ou en paralysent les applications. Elle ne doit prêter aucune attention, elle doit au besoin lutter contre des mouvements anti-scientifiques ou contraires à l'esprit de la science tels que l'anti-vivisectionnisme, le fondamentalisme religieux, la croyance aux miracles, le spiritisme, etc. Pour réaliser efficacement ce propos, il faut développer largement l'éducation populaire en ce qui concerne les faits scientifiques, la signification de la méthode scientifique, et les possibilités d'application de la science à l'amélioration du sort matériel de l'humanité.

Elle doit d'autre part se garder de devenir elle-même dogmatique et de nier *a priori* les possibilités de développement révolutionnaire du savoir. Au contraire, elle doit veiller tout particulièrement à ce qu'on explore avec assez de soin les domaines situés aux confins de la science, surtout ceux qui sont négligés par la science orthodoxe ou officielle. A titre d'exemple, nous pourrions citer ce qu'on appelle maintenant généralement la parapsychologie, l'étude de propriétés de l'esprit qui sont rares et pour le moment inexplicables scientifiquement, telles que la perception extra-sensorielle sous toutes ses formes. Les recherches laborieuses poursuivies récemment par un ou deux savants dans ce domaine peu connu du public semblent avoir établi la réalité d'un certain degré non seulement de connaissance extra-sensorielle, mais encore de préconnaissances. Il est urgent de soumettre ces phénomènes à un examen très poussé afin d'édifier une théorie scientifique nouvelle et plus vaste servant de charpente à nos connaissances.

Ou pour choisir un exemple quelque peu différent, celui du pouvoir étonnant que les yogis hindous et que d'autres mystiques ont acquis par des techniques et des exercices compliqués, à la fois sur leurs fonctions organiques et sur leurs états mentaux. Les faits eux-mêmes ne laissent aucun doute, mais ni les mécanismes physiologiques et psychologiques mis en jeu, ni les conséquences scientifiques générales entraînées ne sont actuellement compris. Il semblerait désirable de faire étudier soigneusement ces phénomènes par des physiologistes et des psychologues éprouvés y compris certains qui consentiraient à se soumettre eux-mêmes à cet entraînement. Tout le monde ne pourrait pas se soumettre à une épreuve aussi longue, mais les résultats seraient sans doute de la plus haute importance, non seulement en ce qu'ils accroîtraient nos connaissances scientifiques, mais encore en ce qu'ils mettraient la satisfaction spirituelle des expériences dites mystiques à la portée d'un plus grand nombre d'hommes et de femmes de tous les pays.

Un autre sujet tout à fait différent, situé lui aussi, aux confins de la science, est l'eugénique. L'eugénique n'a cessé d'être à la limite du scientifique et de l'anti-scientifique, constamment en danger de devenir une pseudo-science, fondée sur des idées politiques préconçues ou sur l'affirmation d'une supériorité et d'une infériorité de races et de classes. Il est cependant essentiel de faire entrer l'eugénique entièrement dans le domaine de la science, car dans un avenir assez proche le problème de l'amélioration de la qualité moyenne des êtres humains deviendra vraisemblablement urgent et l'on ne pourra le résoudre qu'en appliquant les découvertes d'un eugénisme vraiment scientifique.

Les sciences de la nature sont l'un des domaines où deux des principes généraux de l'Unesco—(c) penser en termes mondiaux et (b) dissiper les ténèbres des "zones obscures" du monde sont le plus évidemment applicables. La science est déjà l'activité la plus internationale de l'homme, et elle illustre, sous la forme la plus poussée parce que la plus consciente, la nouvelle méthode qui permet à l'homme de progresser dans l'évolution au moyen de la tradition cumulative. Pour employer des termes nous touchant de plus près, l'application des connaissances scientifiques fournit maintenant l'un des moyens principaux d'élever le niveau du bien-être humain.

Il est dans l'essence même du progrès scientifique que les résultats soient librement et entièrement publiés, en d'autres termes que la connaissance et les idées scientifiques soient mises en commun. Plus complète sera cette mise en commun, plus rapide sera le progrès. Mais pour que cette mise en commun soit complète, particulièrement en ce qui touche aux applications, il est nécessaire que la science progresse dans toutes les parties du monde et non pas seulement dans un petit nombre de pays favorisés, car les problèmes à résoudre et les méthodes d'application diffèrent d'une région à l'autre. Pour atteindre ce but, l'Unesco, entre autres choses, étudiera quelle fraction du budget gouvernemental et du revenu national est consacrée dans chaque pays aux différents types et catégories de recherches scientifiques, et elle donnera une large publicité aux résultats de cette enquête.

La question pratique de stimuler le progrès scientifique dans les "zones obscures" est traitée au chapitre des Sciences.

L'Unesco, comme il a déjà été dit, doit s'occuper de science appliquée aussi bien que de science pure. Il vaut la peine de souligner que les applications de la science font que nous nous heurtons immédiatement à des problèmes sociaux de toutes sortes. Quelques uns sont évidents et découlent directement du sujet. C'est ainsi que l'application de la génétique à l'eugénique soulève immédiatement des questions de valeurs : quelles qualités doit-on considérer qu'il convient d'encourager chez les êtres humains de l'avenir ? Mais beaucoup n'en découlent qu'indirectement. Pour prendre un seul exemple, l'industrialisme n'a pas seulement trans-formé et largement détruit les anciennes manières de vivre dans les pays où il a pris naissance, mais il est en train de faire de même dans les pays les plus éloignés et les plus primitifs dont il est main-tenant en train de pénétrer la vie. En liaison avec le laisser-faire et les systèmes d'économie capitalistes, il n'a pas seulement créé beaucoup de laideur (évitable pour une bonne part), mais il a détourné les hommes du souci de la beauté et de l'art, de leur signification et de leur valeur dans la vie, et ce par son insistance sur les valeurs financières et par la fascination qu'exercent sur de jeunes esprits les produits des inventions mécaniques. Aussi, l'Unesco, qui se pré-occupe de toutes les activités supérieures de l'homme, doit-elle s'efforcer de veiller à ce que la science soit mêlée d'art ,à ce qu'en détrônant la tradition classique dans l'éducation, on ne la remplace pas par quelque nouveau système non moins rigide, non moins incomplet, reposant sur les sciences de la nature, et en général, à ce que la société soit bien pénétrée d'un système convenable de valeurs.

Ceci nous amène au domaine d'une autre section de l'Unesco, celle des sciences sociales et humaines.

LES VALEURS HUMAINES : LA PHILOSOPHIE ET LES HUMANITÉS

Dans les domaines de la philosophie, des humanités et des arts, la méthode scientifique, bien que nécessaire, n'est plus suffisante. Elle ne l'est plus parce qu'ils impliquent des jugements de valeur en même temps que des questions de fait et de compréhension intellec-tuelle. L'histoire s'intéresse autant aux pensées et aux principes humains qu'à l'entourage physique. Explicitement ou implicitement, l'histoire de l'art nous apporte une histoire des modifications et de l'évolution des jugements et des valeurs esthétiques ; l'étude comparée des religions et l'histoire de la morale en font de même pour les jugements et valeurs moraux ; par ailleurs, l'esthétique et l'éthique, ces deux leviers de la philosophie, vont plus loin encore, puisqu'elles s'efforcent de découvrir les critères de jugements corrects en matière esthétique et morale.

Grâce à l'emploi des sciences sociales, qui utilisent la méthode scientifique, mais s'efforcent de l'appliquer aux valeurs, ou au moins à des domaines comportant des questions de valeur, il est possible de consolider la passerelle nécessaire jetée entre le royaume des faits et le royaume des valeurs, entre la tâche de contrôle pratique et la création du bien ou du juste, entre les fins et les moyens. Ces sciences peuvent, par exemple, d'une part examiner les corrélatifs physiques et biologiques des valeurs en même temps que leurs origines historiques et leurs bases possibles dans l'évolution, et, d'autre part, elles peuvent procéder à une étude comparative et analytique des effets exercés sur la Société par les différentes valeurs dominantes.

En présence de valeurs rivales, l'Unesco ne peut être neutre. Même si elle devait refuser de faire entre elles un choix conscient, elle découvrirait que les besoins d'action supposent ce choix, en sorte qu'elle serait conduite, en fin de compte, à adopter inconsciemment un système de valeurs. Un système de valeurs adopté inconsciemment a moins de chances d'être vrai qu'un système étudié et recherché consciemment.

Ceci vaut aussi pour le savant qui déclare ne point croire en la philosophie mais qui, en fait, de façon inconsciente ou dénuée de sens critique, a recours, dans son travail, à certains postulats philosophiques de vaste portée. Cela vaut encore pour l'homme de la rue qui, lorsqu'il déclare : "Je ne comprends rien à l'art, mais je sais ce qui me plait," s'est en fait créé toute une échelle de valeurs esthétiques. Cela vaut encore pour tous ceux qui refusent d'examiner leurs croyances morales et qui, pourtant, quoi qu'ils entreprennent, ou quelque opinion qu'ils expriment, agissent conformément à une échelle de valeurs morales d'autant plus insidieuse qu'elle n'est pas clairement reconnue comme telle.

En conséquence, l'Unesco doit encourager l'étude de la philosophie et contribuer, pour le bonheur de l'humanité dans son ensemble, à clarifier les notions de valeur. Elle le doit aussi pour posséder sa propre échelle de valeurs mûrement réfléchies et susceptibles de lui servir de guide dans l'accomplissement de ses tâches et de lui indiquer, de façon positive, ce qu'elle doit entreprendre ou aider et, d'une façon négative, ce qu'elle doit fuir ou décourager.

Et c'est ici que la philosophie de l'humanisme évolutionniste que j'ai esquissée dans mon premier chapitre lui servira de guide. Une telle philosophie est scientifique parce qu'elle s'en réfère constamment aux faits de l'existence. Elle prolonge et exprime de façon nouvelle la théologie naturelle de Paley et les autres philosophies qui s'efforcent de déduire les attributs du Créateur des propriétés de sa création. Elle la prolonge parce qu'elle examine toute l'étendue des phénomènes naturels aussi bien dans l'espace que dans le temps, en sorte qu'elle s'efforce de découvrir une direction plutôt qu'un dessein statique, et elle l'exprime de façon radicalement nouvelle parce qu'elle ne se risque ni à traduire les faits naturels en termes surnaturels, ni à tirer trop vite et sans justification la conclusion qu'une direction observée doit impliquer une intention sous-jacente.

Elle rattachera donc ses valeurs éthiques aux directions discernables dans l'évolution en les fondant sur le fait du progrès biologique et en formant une superstructure adaptée aux principes du progrès social. Sur cette base, il n'existe rien d'immuable ou d'éternel en éthique, et pourtant, il subsiste des valeurs éthiques générales et durables ; nous faisons allusion à celles qui favorisent une organisation sociale de nature à donner aux individus tous les moyens de développer ou d'exprimer leur personnalité d'une manière compatible avec le maintien et le progrès de la société.

L'aspect social de ce double rôle s'impose parce que les mécanismes sociaux procurent le fondement principal d'une rapide évolution humaine, et on ne peut arriver au progrès que par l'amélioration de l'organisation sociale. L'aspect personnel naît du fait que l'être humain individuel est le plus haut produit de l'évolution et que seule l'amélioration future de l'être humain peut permettre au progrès de se manifester Si l'on considère l'éthique de ce point de vue, on peut voir que certains systèmes de morale ont fait porter l'accent trop peu sur les exigences de l'individu, d'autres trop peu sur celles de la société ; ou encore nous percevons que certains ont trop fait porter l'accent sur le présent en s'efforçant d'enfermer un processus dynamique dans des liens éthiques statiques, tandis que d'autres sont allés à l'extrême opposé et ont négligé le présent au point de s'efforcer de rattacher leur morale non pas à notre monde, mais à l'autre.

De plus, même s'il existe de grands principes moraux présentant un caractère de généralité et de durée, il n'en reste pas moins que le détail de leur énoncé changera obligatoirement d'âge en âge. L'éthique des peuples vivant en tribu, diffère inévitablement de celle de la civilisation féodale ou industrielle. Les systèmes éthiques contemporains reposent encore, en grande partie, sur des concepts issus d'un monde pré-scientifique et fragmenté en nations. Nous devons les rattacher à notre nouvelle connaissance, à notre nouvelle proximité réciproque. C'est ainsi, par exemple, que l'essor de la bactériologie moderne a, du coup, entraîné de nouvelles responsabilités morales pour l'homme dans des domaines tels que l'adduction d'eau, la pasteurisation du lait, les règles de quarantaine et la santé publique dans son ensemble ; cependant que le resserrement du monde a, pour la première fois, fait d'une famine en Chine ou d'une épidémie aux Indes un problème moral qui touche les peuples d'Europe et d'Amérique. De même, les nouvelles techniques d'assassinat collectif pratiquées par le nationalisme exacerbé d'Hitler ont conduit à définir à Nuremberg un nouveau crime contre la loi internationale : le crime de génocide. On peut dire d'une façon générale qu'il devient nécessaire d'étendre nos responsabilités et nos jugements moraux personnels à de nombreuses actions collectives et d'apparence impersonnelles—en d'autres termes nous devons entreprendre de socialiser largement l'éthique.

L'une des tâches principales de la Section de Philosophie de l'Unesco devra consister à stimuler, en coopération avec les spécialistes des sciences de la nature et des sciences sociales, la recherche d'un nouveau système moral en accord avec le savoir moderne et adapté au rôle nouveau imposé à l'éthique par la société contemporaine.

D'un façon plus générale encore, elle devrait stimuler la recherche, si urgente à notre époque de transition extrêmement rapide, d'une philosophie mondiale, d'un arrière-plan de pensée unifiée et unificatrice appropriée au monde moderne.

Au cours de mon premier chapitre, j'ai examiné certains aspects de cette philosophie générale. Il me reste à dire ici que c'était là l'expression de mon seul point de vue personnel et que sous ce rapport l'Unesco doit, de toute évidence, avancer au moyen de conférences et d'entretiens entre les penseurs les plus éminents de chaque région du monde et de toutes les provinces de la pensée et du savoir. Les seuls postulats que l'Unesco puisse adopter sont que le succès de cette tâche est possible,—que certains modes de pensée sont inadmissibles : le mode dogmatique, par exemple, ou le mode exclusivement logique, ou encore le mode absolu se refusant à tout compromis—, que la méthode scientifique doit jouer son rôle et qu'il faut constamment s'en rapporter aux faits et principes scientifiques d'une part et, d'autre part, aux faits subjectifs de la conscience humaine.

De surcroît, la Section de Philosophie de l'Unesco devra certainement entreprendre quantité de tâches spécialisées dont le caractère est philosophique au sens le plus étroit du terme : mise au clair de la philosophie des sciences et de la méthode scientifique ; exposé nouveau d'une esthétique tenant compte des arts des peuples primitifs, des divers courants de l'art moderne, des rapports existant entre la psychologie profonde et l'expression esthétique, le rôle et la valeur de l'art dans la vie de l'individu et de la collectivité ; un examen de la sémantique dans ses aspects les plus généraux ; etc. . . .

La Section de Philosophie ne soutiendra plus, (comme on pouvait le soutenir de façon justifiée à certaines époques de l'histoire), que la philosophie devrait embrasser l'ensemble de la connaissance humaine, ni que les philosophes peuvent arriver à des résultats positifs par pure cogitation ou dans la solitude d'une tour d'ivoire. Au contraire, elle admettra le postulat qui veut que la philosophie ait, en gros, dans le monde contemporain, un double rôle. D'abord un rôle de critique générale, une critique des postulats du savant, de l'artiste, du mathématicien, du penseur politique et de l'homme de la rue ; une critique des méthodes de pensée de l'homme en général, y compris la faculté critique elle-même. Et, en second lieu, la fonction de synthèse qui consiste à rattacher les découvertes de toutes les autres activités de l'esprit humain, qu'elles soient morales et esthétiques aussi bien qu'intellectuelles, entre elles, et à la critique philosophique, et à distiller le résultat de cette opération sous une forme unique. Pour l'une et l'autre de ces fonctions, les philosophes doivent se tenir en contact étroit avec toutes les autres activités supérieures de l'homme, à la fois avec les travailleurs intellectuels dans les différentes branches et avec leurs travaux.

Les Humanités, en employant le terme dans le sens élargi qui couvre toutes les études d'humanisme aussi bien que le domaine classique envisagé sous l'expression *Litterae Humaniores*, traitent aussi de sujets qui impliquent des valeurs humaines, et se refusent entièrement ou en partie à considérer les méthodes scientifiques comme applicables à leur domaine. Mais elles sont plus discursives et plus concrètes dans leur façon de procéder que ne l'est la philosophie : car elles ont pour domaine d'étude l'histoire, la littérature, l'art et la culture en général. On devrait, avec juste raison, accorder une attention complète à l'antiquité classique de la Grèce et de Rome, mais il est nécessaire, aujourd'hui, de les étudier et de les enseigner d'un point de vue comparatif et historique, au lieu de les isoler dans le temps et l'espace comme on a eu trop souvent l'habitude de le faire. La bataille entre les Anciens et les Modernes, qui commença vers le fin du XVII° siècle, devait inévitablement être perdue par les Anciens. Aujourd'hui, cependant, nous pouvons constater que ce n'est pas une bataille qu'il nous faut, mais une réconciliation entre les exigences en apparence opposées de l'esprit antique et de l'esprit moderne au sein du processus unique de l'évolution de l'histoire.

La tâche principale qui se présente aux humanités aujourd'hui semblerait être d'aider à édifier une histoire du développement de l'esprit humain, en particulier en ce qui concerne les sommets atteints dans le domaine de la culture. Pour cette tâche, l'aide des critiques d'art et des artistes sera nécessaire, aussi bien que celle des historiens d'art ; celle des anthropologues et des étudiants en religion comparée aussi bien que celle des théologiens de tous ordres ; celle des archéologues aussi bien que des humanistes ; des poètes et des hommes de lettres créateurs aussi bien que des professeurs de littérature ; et l'on aura besoin également du soutien sans réserve des historiens : et tout au long de cette tâche il faudra accorder à l'évolution de la culture dans les diverses régions de l'Orient la même attention qu'à celle de la culture en Occident.

Une fois de plus, l'Unesco pourra être utile, en restant fidèle à son point de vue multilatéral, et en réunissant des personnes appartenant à tous ces domaines variés pour qu'elles apportent leur concours à quelque face de cette oeuvre considérable.

Ainsi que je l'ai indiqué plus haut, l'extension de l'organisation sociale, qui représente le mécanisme du progrès humain, ne doit pas être incompatible avec l'épanouissement plus complet de l'individu, l'un des principaux buts de notre évolution : bien mieux, elle doit y concourir. Imprimer une orientation à ce problème crucial de notre temps doit être un des objectifs de l'Unesco : pour y parvenir nous avons besoin d'un examen profond et complet de l'individu humain dans ses rapports avec la structure sociale.

Cet examen, pour être de quelque utilité, devra aborder le problème de manière neuve. Il devra être scientifique aussi bien qu'humaniste dans le sens ancien du terme, et il devra faire appel à l'art et à la morale aussi bien qu'à l'intellect.

La science telle que nous la connaissons, consiste presque entièrement en lois statistiques, dérivées de l'étude molaire des phénomènes. Toutefois, ce caractère est dû au fait historique d'après lequel les sciences physico-chimiques, étant plus simples, se sont développées plus vite que les sciences biologiques et humaines. Les particules individuelles de la physique et de la chimie, que ce soient des électrons, des atomes ou des molécules, sont presque inaccessibles à l'observation scientifique, et même là où elles ont été accessibles, leur façon de se comporter a échappé à l'analyse scientifique. En biologie, par contre, les éléments individuels sont facilement accessibles à l'observation. En outre, le degré d'individualisation tend à augmenter au cours de l'évolution, au point que, parmi les animaux supérieurs, en particulier parmi les mammifères supérieurs, nous sommes contraints de reconnaître des traits se rapprochant de l'individualité humaine. Ce processus ne s'est pas arrêté à l'homme : au contraire, on a constaté chez les individus humains la tendance à devenir plus différenciés et, dans l'individualité humaine, la tendance à atteindre des niveaux plus élevés de l'évolution, du noyau élémentaire de la tribu chez diverses civilisations primitives, des populations de robots et des castes de Mésopotamie et d'Egypte au premier encouragement donné sciemment à la personnalité de l'individu dans la Grèce classique, puis à l'accent mis par le christianisme sur la valeur spirituelle de l'âme individuelle, à la découverte médiévale de l'enrichissement de la personnalité par l'amour courtois et à l'individualisme exagéré de la Renaissance, pour aboutir enfin aux temps modernes où le conflit entre le développement de l'individualité et la fonction de l'individu, en tant que rouage de la machine sociale, s'est affirmé sous une forme nouvelle et aiguë.

Pour un tel examen, nous avons besoin de nous assurer le concours du biologiste, de l'historien, de l'artiste, de l'anthropologiste et du sociologue.

En biologie humaine, on a commencé à s'attaquer au problème de la possibilité d'une description vraiment scientifique des individus considérés comme des unités psycho-physiologiques distinctes. Ceci suppose l'élaboration d'une méthodologie nouvelle, puisque la science traite normalement de la masse et non des individus qui la composent, des phénomènes généraux et non des différences particulières. L'Unesco doit encourager cette tentative, par exemple, en organisant de petites conférences de chercheurs dans ce nouveau domaine.

L'art peut y aider de deux manières. D'abord, parce que toute oeuvre d'art a son unité, son individualité, si bien que le problème de la description et de l'analyse de l'individu peut se poursuivre là aussi et selon une méthode différente de la méthode biologique. Ensuite parce que l'art, en particulier l'art plastique d'un peuple ou d'une période donnés nous renseigne sur l'attitude de ce peuple à l'endroit de l'individu et sur le degré d'individualisation atteint par ses membres. Ces renseignements déborderont parfois sur ceux que fournissent les études de l'historien ou les analyses de l'anthropologiste, mais, souvent, on ne pourrait les obtenir d'aucune autre source.

Or, comme on vient de l'indiquer, l'historien et l'anthropologiste peuvent apporter leur contribution, mais seulement si leur attention est attirée sur l'importance de ce problème.

Abordant le sujet sous l'autre angle, c'est-à-dire l'angle social, l'historien et le sociologue peuvent étudier l'évolution de l'organisation sociale eu égard non seulement à son bon fonctionnement politique ou économique, mais encore à ses effets sur la différenciation et l'individualisation humaine, que ce soit pour les entraver ou les encourager.

Nous pouvons espérer obtenir ainsi en quelques années une contribution vraiment importante au sujet, essentiel, bien qu'à peine exploré jusqu'ici, du développement de l'individualité humaine et de ses relations avec le progrès de l'évolution.

LES SCIENCES SOCIALES

Les sciences sociales couvrent presque entièrement le domaine de l'étude de l'homme. En tout cas, l'homme se distinguant par une vie sociale fondée sur une tradition capable de se reproduire, les sciences sociales peuvent prétendre traiter les aspects essentiels du secteur humain de l'évolution.

Bien que nous ne limitions pas à l'homme ce que Pope appelle "l'étude propre de l'humanité," faute de cette étude, l'homme restera en proie à la confusion et à la contradiction intérieures.
"In doubt to deem himself a God, or beast ;
. . . Great lord of all things, yet a prey to all ;
Sole judge of birth, in endless error hurled ;
The glory, jest and riddle of the world."(*)
Dans beaucoup d'études relevant de ce domaine vaste et complexe (vaste et complexe, bien qu'il ne traite que d'une seule espèce) la coopération étendue que nous venons de suggérer sera précieuse. C'est ainsi que la nature et la fonction sociale de la religion ne peuvent se comprendre entièrement (et qu'il est encore plus difficile de suggérer l'orientation à imprimer à son développement futur) sans faire appel à la musique, à la peinture et à la sculpture religieuses, sans demander à l'anthropologiste de nous montrer l'étendue des progrès que la religion a réalisés depuis ses

(*) "Doutant s'il est un Dieu, ou s'il est une bête ;
. . . De toutes choses maître, et de toutes la proie ;
Né seul juge, abîmé dans l'erreur sans remède ;
Du monde le bouffon, la gloire et la charade.''

débuts rudimentaires et parfois repoussants et· horribles. Sans demander à l'historien de nous mettre en garde contre les mauvaises voies où la religion organisée peut s'engager et contre les mauvaises causes pour lesquelles elle peut engager ses fidèles—*Tantum religio potuit suadere malorum*—sans l'aide du psychologue pour nous faire comprendre la qualité unique de notre sens moral, sans l'étude du mystique, du saint, du fakir et de l'ascète pour mettre en lumière aussi bien les sommets auxquels le besoin religieux peut élever les hommes que les aberrations auxquelles il peut les conduire.

De manière générale, nous avons besoin d'une nouvelle méthode, à la fois sociale et évolutionniste, pour aborder de nombreux problèmes essentiels de l'existence, une méthode qui prenne en considération les valeurs esthétiques et morales en même temps que les faits objectifs relevant de l'analyse scientifique. C'est ainsi qu'on peut envisager une étude de l'évolution de la sensibilité humaine. Cette étude mettrait en lumière des faits historiques tels que la genèse de l'idée chrétienne d'un altruisme général opposé à la solidarité de la tribu, la naissance de l'idéal d'amour courtois entre les sexes à l'époque médiévale, et enfin, la naissance plus récente de l'amour de la nature et des beaux paysages. Cette étude placerait de tels faits dans le processus général d'accroissement de la sensibilité humaine et de la possibilité de satisfaire celle-ci ; elle tirerait aussi certaines conclusions pratiques sur les moyens d'assurer semblable satisfaction dans une société moderne, par le théâtre et la peinture, par les grands parcs et les réserves nationales, par la beauté créée par l'architecture et l'urbanisme.

De même, des études sur l'évolution des codes moraux, de l'éthique ou des fonctions sociales de l'art influeraient considérablement sur la pensée et, nous l'espérons, sur la conduite des générations futures.

Mais, si l'Unesco veut avoir une véritable politique sociale, elle ne doit pas se borner à des études aussi générales, mais doit aussi aborder certains problèmes particuliers, qui pèsent lourdement sur le monde moderne.

J'indiquerai, à titre de simple illustration, la question de la population, celle de la conservation des espèces sauvages et celle de la sémantique. L'acceptation de l'idée qu'il existe un chiffre de population optimum (variant naturellement en fonction des conditions technologiques et sociales) constitue un premier pas indispensable vers l'élaboration de plans de contrôle du chiffre des populations, contrôle qui s'impose si l'on ne veut pas que les aveugles instincts de reproduction de l'homme ruinent son idéal et ses plans de progrès matériel et spirituel. La reconnaissance du fait que dans le monde les espèces sauvages sont irremplaçables, mais en voie de destruction rapide, peut seule nous amener à nous rendre compte à temps qu'il faut, dans l'intérêt final de l'humanité tout entière, réserver sur la terre des zones où l'expansion de l'homme cède le pas à la conservation des autres espèces. L'étude du langage, et en particulier de sa base scientifique, la sémantique, est nécessaire si l'on veut perfectionner ce langage, envisagé comme instrument de description et de communication, et si l'on veut se prémunir contre le risque de favoriser les malentendus au lieu de développer la compréhension.

J'aimerais toutefois attirer l'attention sur une question générale, à savoir l'importance de la psychologie dans toutes les branches des sciences sociales (et aussi, bien entendu, dans l'éducation). On s'accorde à reconnaître que la psychologie analytique profonde et la psychologie sociale sont l'une et l'autre dans leur enfance. Mais la première nous découvre, dans le domaine de l'inconscient, un nouveau monde aussi imprévu et aussi important que le nouveau monde de l'invisible révélé au 17è siècle par le microscope ; et la seconde constitue une base indispensable pour une sociologie véritablement scientifique et pour l'application heureuse des sciences sociales.

Une des oeuvres les plus importantes que l'Unesco puisse accomplir dans le domaine des sciences sociales est de veiller à ce que ces sciences s'intéressent à leur propre méthodologie. Dans ces sciences, comme il a été dit plus haut, la méthode scientifique ne suffit plus, puisqu'en elles se trouvent impliquées, à côté de faits moralement et esthétiquement neutres, certaines notions de valeurs ; il faut donc trouver des méthodes nouvelles qui tiennent compte de ces valeurs. En outre, les méthodes de caractère strictement scientifique qui peuvent être employées dans les sciences sociales ne sauraient être identiques à celles que l'on emploie dans les sciences de la nature et en particulier dans les sciences physiques. D'une part, l'expérimentation dans les sciences sociales est rarement possible, si elle l'est jamais, et d'autre part, le nombre de variables impliquées dans les problèmes sociaux est presque toujours très grand. Ceci ne veut pas dire que l'homme de science ne se trouve pas, lui aussi, aux prises avec un grand nombre de variables ; mais, en vue d'arriver à de nouvelles connaissances, il peut restreindre son problème de manière à diminuer le nombre de ces variables. Il peut le faire en circonscrivant mentalement le problème—c'est ainsi que le physiologiste qui cherche à comprendre comment fonctionne le système digestif d'un singe, exclut délibérement de son esprit toute pensée du passé de ce singe dans l'évolution ou de ses rapports biologiques actuels avec d'autres organismes. Il peut encore le faire par la méthode de l'expérimentation, méthode dans laquelle il règle lui même toutes les variables, sauf celle dont il désire étudier les effets.

En d'autres termes, le spécialiste des sciences sociales se trouve toujours en face de causes multiples et doit élaborer des méthodes qui tiennent compte de ce fait. Les méthodes de corrélation et autres méthodes statistiques qui ont été mises au point pour servir dans certaines branches non expérimentales de la biologie se révèlent très intéressantes dans les sciences sociales, et l'on pourrait en dire autant des techniques d' "operational research" qui ont été mises au point pendant la guerre.

Pratiquement, le travail en larges équipes se montrera souvent d'un grand intérêt en permettant de résoudre les difficultés qui résultent de la multiplicité des causes ou de l'excès des variables. Ainsi le problème du logement, si on le considère comme un problème de science sociale appliquée et non comme une question à traiter par des méthodes traditionnelles et empiriques ou par des moyens de fortune, ne peut être résolu qu'à l'aide d'un travail d'enquête et de recherche auquel prendront part en collaboration des physiciens, des ingénieurs, des psychologues, des sociologues, et qui tiendra compte des rapports qui unissent entre eux des problèmes aussi différents que : chauffage, transmission du son, éclairage ; résistance et propriétés isolantes des matériaux ; confort, hygiène, facilité du mouvement, commodité générale ; satisfaction esthétique ; types de groupements familiaux à pourvoir et autres problèmes démographiques, etc. . . .

Il y a aussi la méthode comparative sur laquelle se sont longtemps appuyées les sciences d'observation et qui a donné naissance à des spécialités scientifiques aussi remarquables que l'anatomie comparée et l'embryologie comparée. Mais, en fait, la méthode comparative n'est pleinement justifiée que lorsqu'elle s'applique à des données de l'évolution dans lesquelles se trouve impliquée une parenté dans le domaine de la génétique. Elle a été employée avec fruit dans des études sociales telles que la philologie comparée, l'ethnologie et d'une manière générale l'anthropologie envisagée sous l'angle de la culture. En biologie, les parentés dans l'évolution, à part quelques exceptions importantes, résultent d'une ascendance commune et peuvent être représentées théoriquement à l'aide d'un arbre ramifié. Mais, dans l'histoire sociale de l'homme, l'existence d'une tradition transmissible, qui constitue un nouveau type d'hérédité, fonctionnant de manière très différente de l'hérédité biologique, a donné lieu, dans l'évolution, à des parentés de forme très nouvelle. Il faut remplacer ici le schéma de l'arbre par celui d'un réseau dans lequel se produisent des convergences aussi bien que des divergences et dans lequel les différentes branches peuvent aussi bien s'unir et se rejoindre que s'écarter ou se séparer les unes des autres. En outre, il est beaucoup moins facile ici qu'en biologie de distinguer la véritable parenté relevant de la génétique, de la convergence accidentelle—ceci ressortant d'ailleurs de la discussion qui fait encore rage actuellement entre les "diffusionnistes" et ceux qui croient au contraire dans le domaine de la culture à des évolutions parallèles et indépendantes les unes des autres. Ici encore, il est donc urgent de procéder à des recherches méthodologiques—prenant la forme d'une étude approfondie de la méthode comparative, envisagée dans ses applications à la culture humaine, et indiquant l'étendue et la valeur des conclusions auxquelles le procédé en question peut permettre d'arriver dans les différents domaines.

Un problème plus restreint dans lequel l'analogie avec la biologie peut présenter un intérêt est celui de l'organisation sociale en général et du mécanisme du gouvernement en particulier.

Comme je l'ai déjà indiqué, l'organisation sociale est le mécanisme sur lequel l'homme doit compter pour le progrès dans l'évolution. Et le gouvernement est la pièce centrale de ce mécanisme. Au fur et à mesure que les problèmes de gouvernement deviennent plus complexes, le mécanisme chargé de les résoudre doit se compliquer lui aussi. D'une manière générale, ces problèmes sont analogues à ceux qui se posent pour un animal supérieur et qui sont résolus par le système nerveux central de cet animal. Un vertébré supérieur doit coordonner les activités de ses différents organes et concilier les exigences de ses diverses impulsions innées. Il a besoin de mécanismes pour le renseigner sur ce qui l'entoure et surtout sur les changements qui se produisent autour de lui ; pour lui permettre de relier entre elles les informations de nature diverse ; pour le rendre capable de se constituer un fonds d'expérience et d'en tirer profit ; et pour lui permettre d'agir de manière appropriée. *Mutatis mutandis*, les problèmes d'une société moderne sont les mêmes—avec naturellement la différence fondamentale que les exigences de l'être humain sont tout autres que celles des cellules individuelles ou des divers organes du corps de l'animal.

Enfin, si nous reprenons l'évolution qui a conduit des vertébrés inférieurs aux vertébrés supérieurs, nous constatons que l'organisation du cerveau se complique, et cela d'une façon toute spéciale. En simplifiant peut-être à l'excès, nous pourrions dire que des séries de centres conducteurs viennent successivement s'introduire dans le système, se superposant les uns aux autres en une sorte de hiérarchie, chacun devant assurer la transmission des messages du niveau immédiatement inférieur. Chez l'homme finalement, les éléments les plus élevés de la hiérarchie, autrement dit les centres associatifs de l'écorce cérébrale, introduisent entre les impulsions et les messages de toutes sortes des relations beaucoup plus complexes et beaucoup plus souples que ne peuvent le faire aucun des centres inférieurs ou qu'on ne peut en rencontrer chez les animaux inférieurs.

Il serait très intéressant de réunir avec des experts en administration quelques-uns des éminents spécialistes de neurologie comparée du monde, pour voir dans quelle mesure l'étude de ce que nous pourrions appeler en biologie "le mécanisme du gouvernement" peut s'appliquer au problème correspondant sur le plan social.

Il me faut maintenant abandonner ce vaste domaine à peine exploité de la connaissance humaine, mais je ne le ferai pas sans proclamer d'abord ma ferme conviction que l'application sous une forme appropriée de la méthode scientifique aux problèmes humains doit donner des résultats aussi importants et aussi révolutionnaires que ceux auxquels ont abouti les sciences dans le reste de l'univers.

LES ARTS CREATEURS

Il y a une différence essentielle entre les arts et les sciences. Pour les sciences, l'aspect quantitatif est aussi important que la perfection de l'exécution, et les découvertes et réalisations individuelles, si originales et en un certain sens, si belles soient-elles, peuvent être, et sont réunies avec d'autres en un fonds commun du savoir, si bien que le progrès des connaissances est linéaire. Il peut et doit y avoir un seul corps indivisible de connaissances, un seul effort unifié de recherche.

Mais pour les arts, il n'en va pas du tout de même. Nous sommes ici dans le domaine des valeurs. L'oeuvre d'art individuelle est souveraine et aucune question de quantité ne peut compenser une qualité inférieure. Et, puisque toute oeuvre d'art, que ce soit une poésie ou une pièce, une peinture ou une sculpture, une symphonie ou un ballet, est de par sa nature une création individuelle, on ne peut jamais l'additionner purement et simplement à d'autres ; et, en conséquence, la variété et la multiplicité doivent toujours être encouragées. Ainsi, le but de l'Unesco ne doit pas être ici de favoriser un mouvement unique mais d'orchestrer une diversité. La seule unité qui puisse être envisagée est une unité mondiale, comprenant des diversités régionales et locales à peu près comme les éléments divers se fondent dans la simple unité d'expression d'une symphonie ou d'un drame.

Le domaine des arts comprend la musique, la peinture, la sculpture et les autres arts plastiques, le ballet et la danse, la création littéraire, de la poésie et du drame au roman et à l'essai critique, l'architecture et le cinéma, dans la mesure où ce sont des arts, et toutes les applications de l'art, de la décoration intérieure au dessin industriel.

En s'occupant de ce groupe important d'activités humaines (qui n'a jamais jusqu'à ce jour été l'objet d'activités adéquates de la part d'aucune organisation inter-gouvernementale) l'Unesco insistera pour maintenir une distinction nette entre leur aspect créateur et leur aspect d'objets d'études érudites. Il semble en quelque sorte beaucoup plus simple pour une organisation de s'occuper de l'histoire de l'art que d'encourager la peinture contemporaine, de se consacrer à l'étude des auteurs classiques que d'aider les écrivains vivants, si bien que l'Unesco doit veiller à ce que ce côté créateur des arts ne lui échappe pas. Ce n'est pas à dire que la conservation des livres et des tableaux dans les bibliothèques et les musées, ou que leur étude dans des histoires de la littérature et de l'art, ou que l'analyse de l'art dans une philosophie de l'esthétique, ne soient pas importantes pour l'Unesco. Elles le sont, mais elles doivent être traitées dans des Sections différentes de celles qui s'occupent de l'art vivant.

L'art créateur pose des problèmes qui lui appartiennent en propre et ont une importance cruciale pour le programme de l'Unesco. L'art comprend toutes les activités de l'homme qui ont certains caractères communs. En premier lieu, elles servent à exprimer des idées, des expériences ou des situations complexes, avec leurs dominantes et leurs harmoniques d'émotion et de sentiment ; deuxièmement elles les expriment sous une forme communicable, même si tout le monde ne peut pas (du moins sans une certaine préparation) en recevoir l'impression voulue ; et en troisième lieu elles les expriment par l'intermédiaire d'oeuvres d'art particulières et individuelles, dont chacune a son organisation distincte qui unifie ses parties en un tout organique.

L'objet de l'art n'est pas forcément la seule beauté. Le sentiment ou l'émotion prédominante qu'exprime la *Crucifixion* de Grünewald, c'est l'angoisse ; le *Guernica* de Picasso exprime l'horreur ; le *Verlorene Groschen* de Beethoven, l'humour ; les *Voyages de Gulliver* de Swift, le mépris satirique.

L'art ne s'occupe pas non plus de représenter des objets précis. Cela va de soi pour la musique, mais c'est également vrai dans le cas des arts plastiques. Le peintre peut choisir des représentations simples ; mais il peut aussi les trier, les déformer, leur donner une forme symbolique, transmettre des émotions, exprimer des idées, peindre ce qu'il imagine au lieu de reproduire ce qu'il voit. Et il en va de même, *mutatis mutandis*, pour la littérature, que ce soit la poésie ou le drame, l'essai ou le roman.

Tout ce dont il est besoin, c'est que l'ensemble, que ce soit un tableau ou un poème, ou un morceau de musique, produise une impression en tant qu'oeuvre d'art. A cette fin, il lui faut avoir une forme esthétique, et il doit éveiller l'émotion esthétique en plus des autres émotions, quelles qu'elles soient, que son créateur veut exprimer et transmettre. On a écrit des volumes sur la nature de l'émotion esthétique, et je n'ai pas l'intention de tenter ici de la définir. Je me contenterai de dire que l'oeuvre d'art réussie produit toujours un choc émotif ; en outre, ce choc a quelque chose de presque physiologique et il est certainement de nature intuitive et irrationnelle. En plus de cette composante qui agit inconsciemment à la base, la véritable oeuvre d'art fournit aussi une certaine distillation de l'expérience consciente. Ceci peut n'être qu'implicite, comme dans un air populaire, ou une peinture de l'homme des cavernes ; ou extrêmement explicite comme dans la *Messe* de Bach en Si mineur ou dans le *Faust* de Goethe. En tous cas, il s'agit toujours d'une fusion d'éléments multiples en un seul tout artistique.

La véritable oeuvre d'art doit ensuite être vivante, et capable de survivre grâce à l'effet qu'elle produit sur l'esprit d'autres hommes. C'est pourquoi nous parlons des *arts créateurs* et donnons à l'artiste le noble titre de *créateur*. Et cette *vie* de l'oeuvre d'art provient du fait que le véritable artiste s'unit en un sens à son objet ; cette union du sujet et de l'objet dans un acte d'émotion pure—amour, émerveillement, admiration, exaltation—survient dans toute expérience esthétique, que ce soit devant la nature ou une oeuvre d'art, mais chez l'artiste, elle est infiniment plus puissante puisque, en réalisant son idée par la création matérielle de son oeuvre, il lui faut mettre en action son être entier dans ses profondeurs aussi bien qu'à ses sommets avec toute sa force et toute sa sensibilité, s'il veut que le résultat soit une bonne oeuvre d'art. Son but doit être, selon les paroles de Coleridge : "de conquérir, à partir des formes extérieures, la passion et le feu dont les sources sont au dedans."

Sir William Rothenstein a écrit dans ses mémoires : "C'est cette vie intérieure, qu'elle soit lyrique ou dramatique, qui dépasse en durée celle de son créateur et distingue la beauté du simple talent . . . si l'âme vivante n'y est pas, ce ne sera qu'une marionnette a jeter au rebut . . . la création (artistique) (s'accompagne) d'abandon intuitif . . . l'artiste se perd dans l'union active avec l'objet de son désir.

Je me suis étendu sur cette discussion générale, parce que sans une certaine intelligence de la nature de l'art, nous ne pouvons commencer à apprécier son importance dans la vie humaine, ou arrêter la position que doit prendre à son égard une organisation telle que l'Unesco.

L'art a des fonctions sociales importantes. Il peut servir a exprimer, comme ne peut le faire aucun autre moyen d'expression, l'esprit d'une société, ses idées et ses fins, ses traditions et ses espoirs. C'est sur lui que peut se concentrer l'orgueil national, et il peut ainsi fournir un exutoire légitime et salutaire au nationalisme, au lieu de l'habituelle glorification de la grandeur ou de la richesse, de la puissance politique ou militaire ; il donne aussi occasion à une rivalité amicale dans le domaine des choses de l'esprit, au lieu d'une concurrence hostile pour l'expansion matérielle. Il peut apporter à un peuple la joie d'une destinée bien remplie, par des voies qui n'appartiennent à aucun autre genre d'activité : par la bonne architecture et la beauté des sculptures dans les lieux publics, par la musique, par la vision diverse et profonde de la réalité qui s'exprime dans les oeuvres des peintres, par l'expression créatrice de l'écrivain, par l'art de l'architecte paysagiste, par une conception satisfaisante des objets d'usage quotidien. Et sa pratique peut libérer et développer la personnalité, que ce soit la personnalité en croissance d'un enfant, ou la personnalité incomplète d'un adulte, et contribuer à la guérison de maintes déformations dûes aux névroses.

J'ai dit que l'art peut remplir de telles fonctions dans la société. Malheureusement, beaucoup trop souvent, il ne le fait pas. La grande masse du peuple des nations industrielles modernes, la bourgeoisie comme la classe ouvrière, vit dans un milieu dépourvu de toute beauté, et sans comprendre l'action que pourraient avoir les arts sur la vie. On remarque en fait une répugnance générale à s'occuper de cette question. Trop de gens craignent d'employer le mot de *beauté*, et ont souvent peur de la beauté elle-même. Ils répugnent à l'effort que l'art exige d'eux, et préfèrent simplement qu'on les divertisse. Pour ne prendre qu'un exemple, pour la grande majorité des gens qui parlent anglais, le mot *pictures* (images, tableaux) désigne maintenant les films et l'évasion de la réalité que la plupart des films procure au public ; tandis que les véritables tableaux, qui peuvent susciter une pénétration plus profonde et plus large de la réalité, restent dans une large mesure délaissés dans les musées et les galeries d'art.

Il est tout à fait exact que l'appréciation d'une grande oeuvre d'art exige un effort, sous la forme d'une discipline acquise au préalable aussi bien que d'une activité spirituelle et intellectuelle présente. S'attendre à être ému et enrichi par Hamlet, ou par l'un des quatuors posthumes de Beethoven, ou par les fresques de Giotto dans l'église de l'Arena à Padoue, sans quelque effort préalable, ce serait comme de croire qu'un homme aux muscles mous et sans entraînement va prendre plaisir et tirer un bénéfice immédiat d'une promenade de quarante kilomètres en montagne.

L'analogie avec l'entraînement physique est tout à fait étroite. Une grande partie de la population se rend compte qu'il est bon d'avoir une certaine discipline physique, pour être en état de mieux apprécier beaucoup de choses dans la vie. L'un des objectifs de l'Unesco devrait être que l'on prenne également conscience de l'utilité d'une certaine discipline intellectuelle et spirituelle, qui préparerait la voie à des satisfactions plus pleines et que le fait de comprendre et d'apprécier l'art sous l'une ou l'autre de ses formes constitue l'une des méthodes pour exercer cette vie intérieure, et lui donner, en même temps, l'une de ses satisfactions les plus hautes.

Cependant, il y a une appréciation intuitive de la beauté, qui permet de goûter les manifestations les plus simples de l'art sans discipline préalable spéciale. Elle nait naturellement dans l'esprit que rien n'a encore corrompu ; mais à cet égard (comme à beaucoup d'autres) l'esprit se corrompt facilement, et peut tomber dans le mauvais goût, la sensibilité déformée ou émoussée, la vulgarité ou l'indifférence. Il est, par conséquent, d'une grande importance que la beauté et l'art affirment leur présence matérielle dans les objets qui environnent les individus, et que l'amour et le désir que ces objets éveillent, soient encouragés par le milieu social et intellectuel.

Je me propose de revenir sur cette dernière tâche d'éducation. Fournir effectivement aux hommes de la beauté et de l'art, c'est en grande partie, dans le monde d'aujourd'hui, la mission du Gouvernement, qu'il soit central ou local. A cette fin, il est nécessaire que les hommes et les femmes qui ont la charge des affaires publiques se rendent compte de la valeur de l'art pour la collectivité. Cette valeur ne consiste pas simplement à procurer ce que l'on estime souvent être un plaisir égocentrique ou purement intellectuel, mais à permettre à de puissants élans humains de se faire jour, en évitant ainsi des refoulements qui ne sont pas seulement un obstacle au bonheur, mais peuvent contribuer au gaspillage des énergies, à l'inquiétude et au désordre mental.

Pour satisfaire effectivement les besoins esthétiques, il faut s'adresser à la belle architecture, à l'urbanisme, à la beauté du paysage, et à une conception heureuse des objets d'usage quotidien. A cet égard, les pays indigents ou les régions arriérées ne sont pas tant les pays du monde arriérés au point de vue industriel et économique, que les grandes cités de la plupart des nations industrielles. Il y a des villes de Grande-Bretagne, des Etats-Unis, de l'Europe occidentale où les habitants mènent une vie dépourvue de beauté naturelle autant que d'art. Ces villes sont bâties au hasard, sales, d'une architecture misérable, ou surchargée et de mauvais goût ; la campagne environnante est gâchée, les parcs pauvres et rares ; l'on n'y trouve guère que des meubles de *camelote* pleins de vulgarité, tapisserie, tissus d'ameublement, vaisselle, verrerie, et tout ce qui meuble un foyer ; pas un seul échantillon de bonne peinture ou de bonne sculpture ou, en mettant les choses au mieux, quelques exemplaires perdus dans un musée peu fréquenté ; les bâtiments scolaires y sont aussi laids que sinistres ; le cadre matériel qu'offrent de telles villes est la négation de tout un aspect de la vie humaine.

L'Education doit apporter un remède à cet état de choses. L'Unesco a l'intention de procéder à une étude de base sur le rôle de l'Art dans l'éducation générale, et sur les méthodes à employer. Les expériences isolées faites dans ce domaine montrent que l'art a deux fonctions principales dans l'éducation générale. D'abord, donner à l'être humain qui se forme, non seulement une certaine compréhension intellectuelle de l'art, mais cette compréhension réelle qui est tout à la fois l'amour de l'art, et le désir d'en tirer de plus amples satisfactions. Et en deuxième lieu, assurer le développement d'une personnalité plus complète et plus pleine chez l'enfant. On n'a pris vraiment conscience de l'existence de ce deuxième rôle que depuis quelques dizaines d'années. Jadis les aspects intellectuels, instructifs et moraux de l'éducation bénéficiaient d'une domination trop exclusive. On ne comprenait pas que le besoin de création esthétique est fondamental, et doit être satisfait si l'on ne veut pas que la personnalité soit incomplète ou étriquée. L'art comme moyen d'expression peut signifier la libération, ou la solution d'un conflit, ou la confiance en soi à mesure que l'enfant progresse dans le monde étrange et inconnu qui l'entoure.

Pour remplir ces deux fonctions, il convient d'employer des méthodes correctes. De mauvaises méthodes (comme celles que l'on emploie trop souvent pour enseigner la " Littérature " aux enfants) peuvent tuer tout intérêt pour le sujet, et accentuer le sentiment d'insatisfaction au lieu de le réduire.

L'art a également une fonction sociale, par rapport à la collectivité prise dans son ensemble, aussi bien que des fonctions qui concernent uniquement ou principalement l'individu. Il serait plus exact de dire qu'il *peut* avoir un rôle social, car, trop souvent (comme dans le genre de ville industrielle dont on a parlé plus haut) ce rôle est inexistant. L'art est capable d'exprimer la vie d'une ville, d'une nation ou d'une époque. L'architecture et le théâtre de l'Athènes antique n'étaient pas seulement l'expression de sa vie, mais en constituaient une partie essentielle. Dans l'Italie médiévale, la peinture était l'un des modes d'expression suprêmes du sentiment.

religieux, puis plus tard, de l'orgueil de la cité et de l'individu. L'Allemagne du 19ème siècle trouva dans Wagner une expression de ses traditions et de ses espoirs.

Dans le monde actuel, où le nationalisme se trouve dangereusement en conflit avec lui-même et avec l'internationalisme, l'art constitue l'exutoire le plus important du sentiment national, et l'on peut le considérer comme toujours légitime, et même désirable. C'est précisément parce que toute nation fait partie de l'humanité, avec son atmosphère originale, ses traditions, ses façons propres de penser et de s'exprimer et souvent son propre langage, qu'elle aura sa littérature et son art particuliers. Que peut-il y avoir de plus frappant que les différences qui existent entre la littérature et l'art de l'Angleterre, de la France et de l'Allemagne, trois nations voisines à l'intérieur d'une zone géographique restreinte ?

Certes, toute nation pourra porter à son crédit des réalisations dans le domaine des sciences, de la philosophie et du savoir, mais, comme il a été indiqué plus haut, ces réalisations sont de nature à faire davantage partie d'un mouvement qui dépasse le cadre national, et à être des expressions moins représentatives de la vie nationale. Je n'oublie certes pas les contacts culturels constants, ni les influences qui traversent les frontières pour influencer les arts ; mais il est dans la nature de l'art d'absorber pour ainsi dire de telles influences et de les incorporer dans un mouvement vivant, dans une expression locale.

Il est juste, il est normal, que chaque nation soit pleinement consciente et légitimement fière des ses réalisations artistiques. Plus la rivalité nationale pourra être transposée du plan de la rivalité matérielle, source d'hostilité, à celui de la noble rivalité dans le domaine de l'art et de la culture, mieux cela vaudra.

Ce fait implique deux conséquences intéressant l'Unesco. La première est relative à l'art des peuples dits primitifs et plus généralement des pays qui ne sont pas industrialisés. Cet art possède souvent une beauté ou une vigueur extraordinaire, et nous montre de nouveaux moyens pour l'esprit humain de s'exprimer et d'exprimer ses réactions devant la vie. Il suffit de songer à l'art des peuplades nègres de l'Ouest africain, à l'art primitif mais étonnant des Mélanésiens du Pacifique, ou à l'art plus recherché de Bali. Dans certains cas, celui de la sculpture nègre par exemple, ces oeuvres ont exercé une influence marquée sur l'art moderne occidental. Mais ces arts, et les métiers de l'artisanat qui leur sont liés, risquent de disparaître complètement, de dégénérer ou de se déformer, au contact de la civilisation industrielle. Si l'art indigène dégénère, c'est essentiellement parce qu'il est intimement lié aux idées ainsi qu'à la structure religieuse du groupe humain ; or, celles-ci sont sapées, ou même totalement détruites, par l'apport de la civilisation occidentale, avec son mercantilisme et son individualisme. On peut expliquer également cette décadence par l'afflux d'objets à bas prix, fabriqués en série sur des modèles pauvrement conçus et de mauvais goût ; ceci ne contribue pas seulement à priver la production locale d'un marché mais encore à corrompre le goût des indigènes.

Cette décadence peut s'expliquer en troisième lieu par l'influence, lorsqu'il existe, d'un commerce touristique anarchique de "curiosités". Comme il arrive généralement que ce commerce exige des imitations à bas prix, la valeur des artistes locaux et la qualité de leur ouvrage s'en trouvent diminuées, même si elles permettent d'employer un plus grand nombre de ces artistes.

Divers efforts ont été tentés, avec un succès variable, pour remédier à cet état de choses. Dans certains cas, on a demandé aux artistes et artisans indigènes de fabriquer des répliques exactes des objets traditionnels qu'ils fabriquaient autrefois ; en même temps, l'on prenait les dispositions nécessaires pour que le produit de ce travail fût vendu aux touristes.

Si ce procédé permet d'employer nombre d'artistes, et s'il vaut mieux l'utiliser que de laisser leurs arts et leurs métiers d'art disparaître, tomber en décadence ou se déformer, il risque de fossiliser l'art, et de le séparer de la vie. L'art tendra à se stériliser dans la tradition, à perdre toute relation vivante avec les besoins de la société, cependant qu'inéluctablement la vie de la société change sous les influences extérieures et exige la satisfaction et le développement de ses propres aspirations esthétiques.

L'une des expériences les plus réussies a été obtenue par le Bureau des Arts et Métiers d'Art indiens, au Ministère de l'Intérieur des Etats-Unis, en ce qui concerne les artistes et artisans indiens des Etats du sud-ouest. On parvint ainsi à maintenir un niveau esthétique élevé, et à accroître le profit tiré de la vente des oeuvres, et, qui plus est, on a même réussi à rendre possibles et à encourager l'originalité et la diversité, le tout avec des résultats excellents au point de vue social.

En tous cas, ne l'oublions pas, un art qui s'est éteint ne peut pas davantage être ranimé que l'on ne peut recréer une espèce animale qui a complètement disparu. Et la conservation des vestiges d'un art ou d'une espèce animale, remplace bien misérablement la préservation de leur vie réelle.

Comme tout problème résultant du contact culturel entre des cultures de niveau technique ou social très différent, celui-ci est fort délicat. Mais il semble soluble. L'Unesco, pour cette fin, devrait employer deux méthodes. Elle devrait travailler à faire comprendre, dans l'ensemble du monde, comme chez les peuples de ces pays en question, la valeur et la portée—qui ont toujours un caractère unique—de l'art chez les peuples non industrialisés du monde entier.

Elle devrait également entreprendre une enquête sur les différentes méthodes employées jusqu'ici pour empêcher la disparition ou la décadence de cet art, en vue de recommander certaines mesures pratiques.

La seconde tâche concerne les pays de civilisation industrielle avancée. Si paradoxal que ce soit, c'est, en effet, dans ces pays précisément que l'on comprend le moins bien les possibilités de l'art en tant que moyen d'expression de la communauté. Il existe des exceptions, comme la France ; mais en Grande-Bretagne, comme aux Etats-Unis, par exemple, il est légitime de dire que l'artiste créateur, même s'il ne s'est pas retiré dans sa tour d'ivoire, ne travaille trop souvent que pour une minorité très "intellectuelle", sans racines, ou pour un groupe si peu représentatif de la communauté qu'il mérite le nom de "coterie". Ceci ne veut pas dire que l'artiste créateur doive toujours refléter les idées de la majorité. Mais il peut exprimer avec vérité un élément essentiel de la vie de la communauté, envisagée comme un organisme social, et bien souvent, il sera l'avant-garde, le pionnier qui explorera de nouveaux modes de vision, de perception du monde, et d'expression. Allons plus loin, il y a des époques, comme ce fut le cas de l'Athènes antique, ou de la Renaissance, où l'artiste peut remplir cette fonction sociale d'expression d'une façon plus belle que dans l'Angleterre victorienne, ou représenter la communauté d'une manière plus significative que dans la période troublée qui a suivi 1918. Lorsque l'art, comme pendant nos périodes décadentes, ne représente pas la communauté ou est négligé par la classe dominante ou les autorités, il se produit un état de choses nuisible pour la communauté, qui se trouve privée du moyen d'expression et de la caisse de résonance qu'elle devrait trouver dans l'art, et cherche alors l'évasion, ou se réfugie dans le divertissement pur et simple, dans la poursuite stérile d'un passé fossilisé qui prend la place du présent vivant, dans un art de mauvaise qualité, un art banal, vulgaire, et faux, qui prend la place du beau.

C'est également nuisible pour l'art, qui tend à se replier sur lui-même, à prendre une forme ésotérique, incompréhensible, sauf pour une coterie très fermée, à résulter de la recherche stérile de l'art pour l'art et non pour la vie, à devenir un art sans racines, au point de ne plus avoir la moindre fonction sociale qui mérite d'être mentionnée.—C'est, à plus forte raison, nuisible pour l'artiste.

Pour remédier à cet état de choses, il est nécessaire de reprendre tout le problème du mécénat qui est immanquablement, et d'une manière regrettable à certains égards, destiné à échapper en grande partie aux protecteurs particuliers pour devenir une protection publiquement assurée par l'Etat ou les autorités locales. Le mécénat public, comme le mécénat privé, a ses dangers pour l'artiste et pour son art : c'est un de nos devoirs de lutter contre ces dangers.

Il nous faut également étudier le problème des jeunes artistes, comment leur permettre de subvenir à leurs besoins avant de s'être fait un nom, et, en second lieu, comment leur donner le sentiment d'être, non seulement une parcelle vitale de leur communauté, mais, dans une certaine mesure, son porte-parole. Ceci doit naturellement aller de pair avec l'éducation du grand public et des autorités, locales et centrales, qui doivent être amenées à comprendre la valeur et le sens de l'art dans la vie d'une société.

Nous avons déjà noté quelques—unes des fonctions sociales de l'art. Il en existe une autre, dans le domaine de l'information ; tous les pays ont maintenant pris conscience de la nécessité, dans notre monde moderne si complexe, de ce qu'on nomme maintenant en anglais "public relations", terme nouveau pour désigner simplement la propagande, mot malheureusement souillé par un mauvais usage.

Dans un monde qu'il faut organiser, les gouvernements ont souvent à prendre l'initiative, et à assumer un rôle de véritable direction.

Pour que cette direction soit efficace, le grand public doit être tenu informé des problèmes de l'heure et des buts poursuivis par le gouvernement. C'est bien là le rôle principal de l' "information" dans les Etats modernes.

Mais seuls quelques pionniers, comme Tallents et Grierson, ont commencé à comprendre comment devrait être employée l'information. L'art est indispensable à cette technique, car, pour la plupart des gens, lui seul peut réellement exprimer les impondérables, et joindre la force entraînante de l'émotion, à la froide réalité de l'information. "Ce n'est qu'entre les mains de l'artiste que la vérité peut devenir émouvante".

En particulier, l'art dramatique est peut-être le moyen essentiel de présenter de façon vivante les problèmes de la vie quotidienne, mais cet art peut évidemment se manifester ailleurs qu'au théâtre— spécialement dans les films.

Quelles que soient ses applications particulières, il demeure vrai que l'une des fonctions sociales de l'art est de rendre les hommes conscients de leur destin, et de leur donner une pleine compréhension, au point de vue affectif, comme au point de vue intellectuel, de leur tâche dans la vie et de leur rôle dans la communauté. Employé à bon escient, c'est un des moyens essentiels de mobiliser la société en vue de l'action.

Chaque art de création a un rôle particulier à jouer dans la vie. C'est la musique qui fait le plus directement appel aux émotions, sans que s'interpose l'obstacle d'aucun langage autre que le sien propre. Les arts plastiques,—outre qu'ils donnent une forme tangible à l'intense vision de l'artiste, et au produit personnel de son imagination—ont un rôle spécial à remplir en relation avec l'architecture ; et la belle architecture possède un rôle qui lui est propre : donner à la communauté une expression concrète de la conscience qu'elle a de sa valeur et de ses fonctions—qu'il s'agisse d'une cité, d'une classe, ou d'une nation (disons même : de la communauté internationale) ; et ajouter à la vie de tous les jours une beauté bien nécessaire, surtout dans les grandes agglomérations urbaines.

L'opéra et le ballet expriment, sous une forme symbolique, les réalités affectives et, ainsi que le disait Aristote à propos du théâtre, ils "purgent l'âme" du spectateur.

Le ballet, de par sa nature, a le pouvoir d'exercer une action étonnamment directe et presque physiologique sur l'esprit.

La prose, par rapport à la musique, se trouve à l'autre extrémité de la gamme des arts, car elle doit utiliser l'intermédiaire du langage et constitue le moyen ou le véhicule le plus apte à exprimer des idées en s'adressant à l'intelligence ; tandis que la poésie (comme la peinture) peut transformer les faits bruts de l'expérience et leur donner une forme et une expression nouvelles qui, pour être imprégnées d'une certaine qualité magique, n'en restent pas moins réelles et vraies.

Le théâtre a le pouvoir de rendre concrets et tout proches les conflits humains, que ces conflits soient dans le caractère, le destin ou les idées.

Il en est de même du film, qui, en outre, possède certains avantages puisqu'il peut transcender le temps et l'espace de toutes sortes de façons (mais aussi certains désavantages dûs à son prix de revient élevé). Le film documentaire, en particulier, a le pouvoir de transformer en art l'information et l'instruction pures, et, de ce fait, de communiquer la vie et une portée émotive aux activités les plus communes, et en apparence les plus impersonnelles.

Il ne s'agit pas ici de discuter les différences de traitement qui découlent des différences de nature des divers arts.

Je terminerai en rappelant que l'Unesco est la première organisation internationale formellement chargée de s'occuper des arts et en répétant que le développement de la science et de la technique a amené le monde moderne à insister de façon excessive sur l'intelligence par opposition aux émotions et sur les satisfactions matérielles par opposition aux satisfactions spirituelles, si bien que les arts sont aujourd'hui négligés ou déformés.

Il appartiendra à l'Unesco de contribuer à donner à l'art, dans le monde de demain, une place égale à celle de la science, ainsi qu'un rôle aussi important dans les affaires humaines.

BIBLIOTHEQUES, MUSEES ET AUTRES INSTITUTIONS CULTURELLES

Il y a un certain nombre d'institutions et d'organisations qui ont pour double fonction d'assurer la conservation du patrimoine scientifique et culturel et de le rendre accessible au public. Suivant le domaine particulier envisagé et suivant l'importance relative accordée à la conservation, d'une part, et à l'accessibilité, d'autre part, ces institutions peuvent prendre des formes diverses : bibliothèques, salles de lecture, galeries d'art, centres artistiques, musées de toutes sortes, jardins zoologiques et botaniques, réserves naturelles, monuments nationaux et historiques et même, si on les considère sous un certain aspect, parcs nationaux. L'expression "Bibliothèques et Musées" couvrira cependant la plupart de ces institutions si l'on arrive, en mettant l'accent sur les idées d'éducation et d'accessibilité au public, à la faire s'appliquer aux salles de lecture et établissements analogues, et si on lui fait englober également les jardins zoologiques et botaniques et les musées de plein air.

Puisque ces institutions ont été créées pour remplir vis-à-vis de la culture et de la science une fonction de nature particulière, il s'ensuit qu'en ce qui les concerne, une organisation comme l'Unesco devra surtout s'occuper de leurs techniques et de l'amélioration de ces techniques. Au fur et à mesure que les bibliothèques se développent et qu'il s'établit entre elles des liens internationaux plus nombreux, le besoin, pour la classification et pour l'établissement des catalogues, d'un système très détaillé, de type uniforme, se fait impérieusement sentir. L'Unesco doit faciliter la recherche d'un tel système et son adoption par toutes les nations.

A un moment où, dans le domaine du savoir, la somme des connaissances publiées devient si lourde qu'elle menace d'étouffer le développement même de la science, on ressent de manière aiguë le besoin de découvrir des méthodes nouvelles pour mettre le plus rapidement possible ces connaissances à la portée des personnes voulues. Il faut que l'Unesco étudie de nouveaux systèmes pour la publication des résultats de la recherche scientifique, qu'elle s'efforce de développer et d'améliorer le système de rédaction des résumés analytiques des articles scientifiques au fur et à mesure qu'ils paraissent et celui qui permet de passer périodiquement en revue les progrès accomplis dans les différents domaines ; elle doit encourager toutes les méthodes qui, comme l'emploi des microfilms, rendent le magasinage facile et favorisent la reproduction en grand nombre des documents ou la diffusion des connaissances.

De même, au fur et à mesure que les oeuvres d'art et les spécimens scientifiques s'accumulent dans les musées du monde, les anciennes méthodes d'exposition et de conservation jalouse ne suffisent plus. L'Unesco doit étudier toutes les méthodes susceptibles de permettre un partage plus large de ces trésors, que l'on ait recours pour cela à un nouveau mode de répartition, à des permutations circulaires entre magasins d'art ou galeries d'exposition, au prêt, à des expositions mobiles ou à l'amélioration des méthodes de reproduction ; elle doit également étudier tous les moyens que l'on a de rendre ces trésors plus accessibles au public en améliorant les techniques d'exposition et de vulgarisation (techniques qui font, hélas, tristement défaut en bien des endroits), en élaborant de nouvelles méthodes d'éducation des adultes pour les appliquer aux visiteurs et en reliant étroitement les musées et les galeries au système scolaire. Il faut également qu'elle examine les nouveaux moyens dont on dispose pour faire connaître les musées et leurs collections en dehors des murs qui les renferment —en ayant recours en particulier au cinéma et à la télévision ainsi qu'à des reproductions abondantes et de qualité toujours meilleure.

L'Unesco doit chercher à étendre l'idée qu'évoque le mot de "bibliothèque" (qui s'applique dans son sens primitif restreint à une collection de livres et de manuscrits), de manière à faire englober dans ce terme les collections de films, de disques de phonographe, d'illustrations et de reproductions. On a déjà tendance, aujourd'hui, à s'écarter de l'ancienne conception de la bibliothèque considérée comme un simple lieu de conservation des livres ou autres imprimés, pour adopter la conception plus nouvelle de la bibliothèque envisagée comme partie d'un service public. L'Unesco doit chercher à faire progresser cette tendance ; elle doit participer à la recherche de moyens permettant aux bibliothécaires de prévoir les demandes des groupes les plus variés ; elle doit contribuer au mouvement en faveur des bibliothèques populaires et des bibliothèques mobiles et, d'une manière générale, elle doit aider à découvrir les meilleures manières d'amener les gens à se servir des bibliothèques dans leur vie quotidienne.

L'Unesco doit chercher à trouver de nouveaux domaines où la technique du musée puisse être utilement appliquée. Les Scandinaves ont réalisé de manière heureuse le Musée de Folklore. Mais il y a bien d'autres types possibles de musées spécialisés—le musée local, le musée d'histoire ou de préhistoire, les musées se rapportant à l'hygiène, à l'éducation, à l'agriculture, aux ressources naturelles ; on est déjà passé, dans certains cas, à un commencement de réalisation, mais il faudrait appliquer le principe de manière large, avec les techniques les plus récentes.

Les jardins zoologiques et botaniques peuvent, à juste titre, être considérés comme des musées vivants ; mais si l'on veut qu'ils remplissent de manière convenable leurs fonctions de musées, il faudra, dans bien des cas, réformer radicalement les méthodes d'exposition et d'éducation qui y sont employées. Mais le concept du musée vivant est, en réalité, plus général encore. Il représente, dans une certaine mesure, une réaction contre l'idée qui a primitivement donné naissance à nos musées modernes—l'idée suivant laquelle le musée n'est conçu que comme un endroit où rassembler une collection, que ce soit une collection de curiosités, d'objets véritablement rares, ou simplement d'articles dont la réunion n'est qu'une manifestation particulière de la passion du collectionneur. Ce concept du musée vivant représente aussi, en partie, une réaction contre l'instinct trop naturel du conservateur de musée, qui a généralement tendance à faire porter son attention sur le passé plus que sur le présent, sur l'exploitation des objets existants plus que sur la création de nouveaux objets, sur la conservation soigneuse d'échantillons morts plus que sur la présentation de créatures vivantes ou de la nature en action.

Dans le domaine des arts, l'Unesco devrait encourager le mouvement grâce auquel s'organisent dans les musées ou dans les galeries d'art des expositions d'oeuvres d'artistes contemporains ; dans le domaine de la science, elle devrait, de manière générale, encourager la présentation plus fréquente de films, l'exposition de modèles capables de fonctionner et les démonstrations d'applications pratiques ; dans le domaine de l'histoire naturelle, elle devrait favoriser la création de musées rattachés aux réserves naturelles et aux parcs nationaux en apportant à la biologie et à la géologie une illustration faite, dans la mesure du possible, au moyen de plantes ou d'animaux vivants et de roches présentées "*in situ*". On pourrait enfin "vivifier" les musées, les galeries d'art et les bibliothèques d'une autre manière encore,—en créant, dans les domaines qui sont du ressort de ces institutions, des facilités pour permettre aux gens ordinaires de faire quelque chose, d'accomplir quelque chose— en utilisant la bibliothèque comme une source de matériaux pour nourrir les débats des cercles de discussion ; en encourageant le naturaliste amateur dans le travail qu'il effectue tant à son bureau que sur le terrain ; en établissant des ateliers et des studios pour mettre à la portée des citoyens les joies du travail créateur dans le domaine de la peinture ou des autres arts. L'Unesco devrait, d'une manière générale, étudier les moyens d'établir des " foyers de culture" ou des studios d'art de ce genre, rattachés à des bibliothèques, à des musées, à des écoles ou à toute autre institution publique.

Nous pouvons conclure en revenant au point d'où nous sommes partis—à savoir que les bibliothèques, les musées et les établissements du même ordre ont pour double fonction d'assurer la conservation du patrimoine mondial, qu'il s'agisse du patrimoine culturel ou scientifique, humain ou naturel, et de le rendre accessible au public. On emploie parfois pour désigner ces deux fonctions les expressions mal appropriées de mise à l'abri et de conservation, d'une part, d'exposition et de mise à la disposition du public, d'autre part. Mais ces deux fonctions impliquent en réalité plus que cela. La première suppose non seulement la conservation des objets inanimés, mais aussi la conservation active de ce qui, dans la nature vivante, présente une beauté et un intérêt ainsi que celle de l'activité créatrice humaine. Et la seconde doit arriver à embrasser une bonne partie de ce qui constitue l'Instruction publique dans les domaines de la science et de la culture.

MOYENS D'INFORMATION DES MASSES

A l'article premier de la Convention qui la crée, l'Unesco reçoit comme directive expresse l'accomplissement de ses buts et objectifs au moyen des Organes d'Information des Masses, titre assez long et malaisé (généralement abrégé en " Information des Masses") qui a été proposé pour les moyens, tels que la radio, le cinéma et la presse populaire, qui peuvent servir à diffuser le mot ou l'image parmi les masses.

A ce point, l'Unesco se trouve en face de quelque chose de nouveau dans l'histoire de l'humanité. Il est vrai que l'imprimerie à l'aide de caractères mobiles a derrière elle un passé respectable, mais la presse, au sens moderne du mot, date d'hier ou tout au plus d'avant-hier, étant donné qu'elle dépend et de la production en masse de papier à bon marché à base de bois, de l'invention technique de la presse rotative et des autres méthodes rapides d'impression, et des inventions ultérieures qui sont à la base des télécommunications de toutes sortes (câble et radio) ainsi que du transport par avion des "flans" et autres moyens de reproduction, et de la constitution de vastes et puissantes organisations pour rassembler et transmettre les nouvelles. Le film et la radio sont de création encore plus récente, et encore plus révolutionnaires dans leurs résultats.

Quels sont les effets principaux de ces innovations dont l'Unesco a à s'occuper ? Tout d'abord les possibilités qu'elles offrent pour une propagation beaucoup plus étendue des informations de toute espèce, tant à l'intérieur des frontières nationales qu'au-delà. Et ceci a pour résultat que l'opinion publique peut se former plus rapidement et être mieux informée qu'à aucune époque antérieure. Cependant il y a un revers à la médaille. On peut aussi former l'opinion publique nationale par une propagande reposant sur des informations fausses, déformées ou incomplètes et, bien que l' "Information des Masses" offre, ainsi que je l'ai dit, la possibilité de diffuser les informations par delà les frontières nationales, il arrive souvent que cette possibilité ne soit pas réalisée et même qu'elle soit combattue de propos délibéré par la censure, le contrôle officiel de la presse et de la radio, et la création de barrières psychologiques dans l'esprit des individus.

Ainsi donc, bien qu'il soit juste de dire que les Organes d'Information des Masses constituent les premiers moyens connus dans l'histoire permettant à chaque peuple de s'adresser aux autres, au lieu de voir les communications de pays à pays réservées à d'infimes minorités, il n'en demeure pas moins vrai également que ce que ces peuples se disent par l'entremise de ces organismes peut être faux et que ce que l'on apprend ainsi peut se trouver limité par des barrières dressées par l'homme, ou son effet faussé par une propagande antérieure. En conséquence, l'un des premiers buts de l'Unesco, dans ce domaine, doit être de découvrir les diverses barrières qui s'opposent à la diffusion, en toute liberté, en toute facilité et sans aucune déformation, de l'information et du savoir entre les nations et aussi de s'assurer qu'elles seront réduites ou, si possible, supprimées. C'est là cependant un travail d'ordre essentiellement négatif. L'Unesco doit aussi profiter de la force d'inspiration que lui vaut un dessein d'ordre positif. Et ceci, comme le dit Grierson*, doit dépendre du caractère indivisible des questions qui intéressent les individus qui peuplent le globe. "A parcourir le monde, on s'aperçoit que, alors que les pays diffèrent entre eux dans leur façon de s'exprimer et dans leur parler local, ils sont tous identiques à un certain égard. Nous sommes tous divisés en groupes d'individus qui s'intéressent à des questions spécialisées et, au fond, nous nous intéressons tous aux mêmes questions. Partout, on trouve les mêmes groupements essentiels. Voici par exemple un groupe qui s'intéresse à l'urbanisme, ou à l'agriculture, ou à la sécurité dans les mines, ou à la philatélie. Quelle que soit la langue qu'ils parlent, ils parlent le langage commun à l'urbanisme, à l'agriculture, à la sécurité dans les mines et à la philatélie." Les points d'intérêt sont

* "Grierson on Documentary," *ed.* F. Hardy—Londres, 1946, pages 165, 231.

indivisibles et sortent par suite du cadre national—et, ajouterons-nous, les besoins humains aussi, des besoins élémentaires tels que le ravitaillement et le logement jusqu'aux besoins plus raffinés, mais peut-être moins fondamentaux, tels que le besoin de se cultiver ou celui d'ordre affectif ou spirituel.

Pour le moment, avant tout autre sujet d'intérêt et tout autre besoin, se place le besoin de paix et l'intérêt que, dans chaque pays, de vastes groupements portent à l'établissement de la paix. Ce n'est pas en nous contentant de prêcher la paix que nous parviendrons à grand chose. Nous pouvons faire beaucoup par des moyens détournés, en prouvant que sujets d'intérêt et besoins dépassent le cadre des frontières nationales, et en édifiant un monde où existe vraîment la coopération internationale et où elle contribue à assurer une santé meilleure, un travail permanent, un ravitaillement convenable, la sécurité et le confort des voyages, la diffusion du savoir. Pourtant, en fin de compte, nous pouvons faire beaucoup plus si nous arrivons à proposer à chacun, de par le monde, une philosophie de l'existence qui soit d'une nature simple et positive et l'incite à l'action—à une action concertée et non plus éparpillée— au lieu de l'apathie, du pessimisme ou du cynisme qui sont si répandus de nos jours.

Je suis sûr que cela est faisable si l'on s'en donne la peine. Il nous faut brosser l'arrière-plan scientifique, montrant la réalité du progrès humain dans le passé et ses possibilités de développement ultérieur dans l'avenir, rappelant aux hommes qu'un brusque recul comme la guerre, et les répercussions qu'elle entraîne, n'est que temporaire et ne constitue qu'un incident entre beaucoup d'autres dans l'histoire et que cependant aucun d'entre eux ne s'est opposé à cette marche séculaire vers les sommets. Rappelant aux hommes également que, selon tous les critères valables, l'humanité n'en est pas à sa vieillesse mais encore à sa jeunesse et que, pratiquement, elle a encore devant elle une vie illimitée. Montrant par des exemples concrets que les découvertes scientifiques ont enfin permis de satisfaire les besoins fondamentaux de l'humanité tout entière, fournissant ainsi une base sur laquelle s'appuyer pour édifier une superstructure qui soit plus proche de ce que désire le coeur. Rappelant aux gens que l'un des besoins essentiels de l'humanité, c'est le besoin de donner, le besoin de se vouer à quelque chose d'autre que le moi, le besoin de servir et d'aimer autrui, si bien que se concentrer sur l'assouvissement des besoins égoïstes signifiera inachèvement et insatisfaction. Montrant aussi, et toujours par des exemples concrets, que le progrès n'est pas automatique ou inévitable, mais qu'il dépend d'un choix, d'une volonté et d'un effort de la part de l'être humain. Prenant les techniques de la persuasion, de l'information et de la véritable propagande que nous avons appris à utiliser, dans le cadre de la nation, à des fins guerrières, et les forçant, de propos délibéré, à s'appliquer, dans le cadre international, aux tâches de la paix, et, si c'est nécessaire, les utilisant, comme on l'envisage ici, pour surmonter la résistance de la masse innombrable à un changement souhaitable. Utilisant le théâtre pour montrer que le réel et l'art constituent une méthode grâce à laquelle, pour reprendre les paroles de Sir Stephen Tallent, "la vérité devient une chose qui frappe et un principe vivant d'action" et visant à susciter cet effort concerté qui, pour citer encore une fois Grierson, requiert un arrière-plan de foi et un sens de la destinée. Il faut que cela constitue une philosophie des masses, un credo des masses et il est impossible d'y parvenir sans avoir recours aux Organes d'Information des masses. L'Unesco, dans la presse du travail de détail qui l'accable, ne doit jamais perdre de vue ce fait capital.

L'autre tâche essentielle de l'Unesco, en ce domaine, aura trait à l'emploi de l'Information des Masses pour encourager l'éducation, la science et la culture, pour elles-mêmes. Considérée sous cet angle, l'Information des Masses tombe dans la même catégorie générale que les bibliothèques et les musées, dans la catégorie des moyens au service des activités supérieures de l'être humain—moyens qui offrent de nouvelles facilités techniques à l'homme de science, à l'artiste et à l'éducateur. Dans ce domaine, l'Unesco aura quantité de travail de détail à accomplir. En admettant les services que pourront rendre à l'éducation, à la science et à la culture les Organes d'Information des Masses— particulièrement le livre et la revue pour ce qui est de la littérature et de la diffusion des idées ; les quotidiens, les hebdomadaires et la radio pour ce qui est de la diffusion des nouvelles et des informations ; le film documentaire en tant que moyen de faire l'éducation du public ; la radio dans l'accroissement de l'intérêt porté à la musique et dans le relèvement du niveau musical—il n'en restera pas moins vrai que ces organes ont aussi fait beaucoup de mal, contribuant à rendre le goût vulgaire, à faire baisser le niveau intellectuel, à esquiver les véritables problèmes, à créer de faux idéaux. L'abîme qui sépare le possible du réel est souvent trop profond ; et il est du devoir de l'Unesco de veiller, dans tous les domaines qui sont de son ressort, à ce que cet abîme soit comblé. Les questions de technique et de tactique qu'implique la réalisation d'un tel dessein sont complexes et difficiles à démêler ; et chaque organe d'information des masses en aura de différentes : toutefois, il est inutile d'en entreprendre l'étude pour l'instant.

L'une des tâches que l'Unesco doit nécessairement entreprendre, c'est une étude des effets réels de la radio et du film sur les peuples illettrés jusqu'ici isolés du courant général de la pensée. Pour l'instant, on ne sait encore rien de bien précis là-dessus ; pourtant, il nous faut posséder des données sérieuses, si nous voulons faire le meilleur usage possible de ces méthodes révolutionnaires. Ainsi, il existe deux tâches pour la Section d'Information des Masses de l'Unesco ; une tâche d'ensemble et une tâche de détail. La tâche de détail consiste à s'assurer au maximum le concours de la presse, de la radio et du cinéma, pour les mettre au service de l'enseignement à l'école, de l'éducation des adultes, de la science et du savoir, de l'art et de la culture. La tâche d'ensemble consiste à s'assurer que ces organes servent à la fois à favoriser la compréhension mutuelle des nations et des civilisations et à encourager le développement d'une conception commune à toutes les nations et à toutes les civilisations.

CONCLUSION

Il ne reste que peu à dire pour conclure, mais ce qui reste est important. Le voici : la tâche qui incombe à l'Unesco est nécessaire, elle vient à son heure et, malgré la multiplicité des détails, elle est une.

Cette tâche est d'aider à la naissance d'une culture mondiale unique, possédant en propre une philosophie, un arrière-plan d'idées et un vaste dessein. Cette tâche vient à son heure, car c'est la première fois dans l'histoire que l'on possède le dispositif et le mécanisme permettant de donner une unité au monde, et c'est aussi la première fois que l'homme possède les moyens (sous la forme des découvertes scientifiques et de leurs applications) de jeter les bases indispensables au minimum de prospérité matérielle nécessaire à l'espèce humaine tout entière. Et cette tâche est nécessaire car, à l'heure actuelle, deux philosophies de la vie s'affrontent, l'une venue de l'Ouest, l'autre de l'Est, et elles n'entravent pas seulement la réalisation de l'unité, mais elles menacent même de devenir les foyers d'un véritable conflit.

On peut qualifier ces deux philosophies, en les opposant, de supernationales, y voir l'individualisme contre le collectivisme, la conception américaine de la vie contre la conception russe, le capitalisme contre le communisme, le christianisme contre le marxisme, ou encore une autre demi—douzaine de possibilités. Le fait de leur opposition demeure, tout comme demeure cet autre fait : autour de chacune de ces philosophies se cristallisent les vies, les pensées et les aspirations de centaines de millions d'êtres humains. Peut-on éviter ce conflit, concilier ce qui est opposé, résoudre cette antithèse en une synthèse plus élevée ? Je suis persuadé, non seulement que cela peut se réaliser, mais aussi que, par suite de l'inexorable dialectique de l'évolution, cela *doit* se réaliser, mais je ne sais si cela se réalisera avant ou après une autre guerre. Etant donné qu'une autre guerre serait si effroyable qu'elle ferait reculer l'humanité de plusieurs siècles, je suis convaincu que la réalisation de cette synthèse, assez rapidement pour prévenir une guerre ouverte, est une tâche qui doit constituer l'objectif primordial de l'Unesco.

En cherchant à atteindre ce but, nous devons éviter tous les dogmes quels qu'ils soient, nous devons les jeter par dessus bord, qu'il s'agisse d'un dogme théologique, marxiste, philosophique ou de toute autre forme de dogme : l'Orient et l'Occident ne peuvent se mettre d'accord sur les fondements de l'avenir s'ils se contentent de se lancer l'un à l'autre les idées fixes du passé. Car c'est bien là la définition du dogme : la cristallisation de quelque système d'idées ayant dominé une certaine époque. Il se peut, évidemment, qu'un dogme cristallise des expériences éprouvées et valables ; mais, dans la mesure où c'est un dogme, il le fait d'une manière rigide, sectaire, intolérante. Ce que, faute d'un terme plus approprié, j'ai appelé "doctrine", peut aussi représenter des expériences valables ; mais elle peut être flexible, capable de croissance, de développement et de révision. Certains dogmes peuvent représenter un passé plus récent que d'autres, mais ils n'en restent pas moins rigides, et, à cause de cela, dangereusement périmés, incapables de réconciliation avec des systèmes différents. Si nous devons aller de l'avant, il nous faut "décristalliser" nos dogmes.

Ces deux philosophies opposées d'aujourd'hui diffèrent essentiellement sur un point : le rapport entre l'individu et la communauté. Mais cette seule différence capitale entraîne des différences dans tous les domaines dont l'Unesco doit s'occuper ainsi que dans bien d'autres. Elle engendre des pratiques et des doctrines morales différentes, des méthodes d'enseignement différentes, des conceptions différentes du rôle de l'art dans la société, des systèmes économiques différents, des façons différentes de faire entrer la science dans la vie nationale, des interprétations différentes des libertés humaines fondamentales, des conceptions différentes des possibilités et des limites de la coopération internationale.

Je suis persuadé que ces différences peuvent, en principe, être conciliées, bien que si on les laisse prendre la forme de dogmes, se concrétiser dans de rigides systèmes sociaux et se traduire en termes de politique et de puissance, il est certain qu'elles deviendront inconciliables et conduiront au conflit armé. Elles peuvent être conciliées dans le cadre d'un humanisme évolutionniste, tel que celui que j'ai esquissé dans les chapitres d'introduction, un humanisme qui, tout en reconnaissant le plein développement de l'individu comme le but essentiel et le critère de tout progrès à venir dans l'évolution, reconnaît l'organisation appropriée de la société comme le mécanisme indispensable à ce progrès.

En d'autres termes, la société comme telle ne comporte pas de valeurs comparables à celles que recèlent les individus ; mais les individus n'ont un sens que par rapport à la communauté humaine (bien que cette communauté transcende la nation à la fois dans le temps et dans l'espace) et ne peuvent arriver à un plein épanouissement que s'ils transcendent leur individualité, en permettant l'interpénétration de leur moi et d'autres réalités, y compris les autres individus. Ainsi, le problème n'est pas un problème de métaphysique ou de dogme, mais un problème essentiellement pratique : comment adapter au mieux, ou plutôt comment concilier, les exigences de deux ensembles concrets de réalités : les êtres humains individuels et les organisations sociales humaines.

En conséquence, je suis persuadé que l'on peut aborder la question de cette conciliation de deux côtés différents. On peut l'aborder d'en haut et de l'extérieur, en tant que problème intellectuel et question d'accord de principe. On peut également l'aborder d'en bas et de l'intérieur, en tant que problème pratique et question d'accord par l'action. Potentiellement, le monde est un et, dans toutes ses parties, les besoins de l'homme sont les mêmes : le comprendre, en avoir la maîtrise et en jouir. Tout ce que peut faire l'Unesco pour satisfaire ces besoins, en encourageant l'éducation, la science et la culture, constituera un pas en avant vers un mode de vie et une conception de la vie unifiés, une contribution à l'élaboration de la philosophie unifiée dont nous avons besoin.

Enfin, je suis persuadé qu'une organisation telle que l'Unesco, qui a la double charge d'encourager à la fois les activités supérieures de l'homme et leurs applications pratiques, cela à l'échelle internationale, est placée mieux que tout autre pour aborder le problème de cette double manière et pour accélérer le processus nécessaire de conciliation.

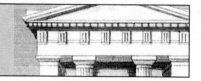
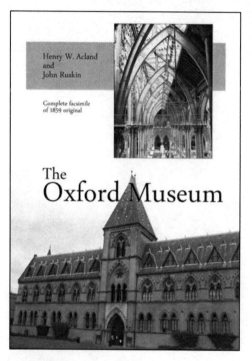

Lightning Source UK Ltd.
Milton Keynes UK
UKOW05f1100230913

217738UK00003B/470/P